# 改正相続法
# ハンドブック

東弁協叢書

冨永忠祐　伊庭　潔　編著

三協法規出版

## 推薦のことば

　本書は東京都弁護士協同組合の書籍出版事業の一環として刊行されたものであり、平成30年7月13日に公布された「民法及び家事事件手続法の一部を改正する法律」及び「法務局における遺言書の保管等に関する法律」により改正された相続法制について、その改正・新設のポイントと実務への影響を独自の視点から解説した書籍です。

　特に本改正中の「配偶者居住権」「遺留分侵害額請求権」「遺言書の保管制度」を中心に、具体的な例を用いて解説されています。

　本書は法律実務家にとって必携のハンドブックとして、また日常の業務の手引書として大いに役立つものです。さらに改正相続法の理解も一層深まることと思います。

　弁護士の皆さんの様々な相続事案に対する適切な処理の助けとなることを期待して本書を推薦する次第です。

2019年8月

東京弁護士会 会長　篠塚　　力
第一東京弁護士会 会長　佐藤　順哉
第二東京弁護士会 会長　関谷　文隆

# 発刊によせて

　東京都弁護士協同組合では、組合員である弁護士のため「弁護士の仕事と暮らしのサポーター」として様々な事業を展開してまいりました。

　平成20年度からは書籍出版事業に取り組んでおり、その一つとして、当組合が企画・内容検討段階から関与・協力して多くの弁護士業務に役に立つ東弁協叢書を刊行し、好評を博しておりますが、このたび同叢書第19弾として『改正相続法ハンドブック』を発刊いたします。

　本書は平成30年7月13日に公布された「民法及び家事事件手続法の一部を改正する法律」及び「法務局における遺言書の保管等に関する法律」により改正された相続法制について、丁寧にわかりやすく解説するものです。

　今回の法改正は多岐にわたりますが、特に民法1028条以降の改正は昭和55年以来の大改正となっています。

　これら多岐にわたる改正点について、一つずつそのポイントを詳しく解説し、さらに実務に及ぼす影響にも言及し、実務に役立つ内容となっております。

　また、末尾に改正相続法新旧対照表を収録してありますので、本書を読む際に参考とし理解を深める一助となれば幸いです。

　本書が今回の相続法制改正の手引きとして広く弁護士の相続に関する事件処理に役立つことを念願してやみません。

　本書は、冨永忠祐弁護士、伊庭潔弁護士、梅村信敏税理士の執筆により刊行されました。お忙しい時間を割いてご執筆いただいたことに深く感謝申し上げます。

　　2019年8月

　　　　　　　　　　　　　東京都弁護士協同組合　理事長　元木　徹

# はしがき

　相続法を改正する「民法及び家事事件手続法の一部を改正する法律」（平成30年法律第72号）と「法務局における遺言書の保管等に関する法律」（平成30年法律第73号）が平成30年7月に成立しました。

　今回の改正は、配偶者の法定相続分の引上げなどを行った昭和55年の改正以来、実に約40年ぶりの大きな改正です。超高齢社会である現在のわが国の社会情勢を反映して、配偶者の居住権を保護するための方策がいくつか導入されましたが、その中で「配偶者居住権」という新しい権利が創設されたことは特筆すべきものです。また、相続人以外の者が被相続人の療養看護などに努めた場合などにおいて、こうした貢献を考慮すべく、特別の寄与の制度が新たに設けられました。

　遺留分に関しても大きな見直しが断行されました。これまで遺留分を侵害した場合に発生した遺留分減殺請求権は、今回の改正で金銭債権化され、名称も遺留分侵害額請求権と改められました。また、遺留分や遺留分侵害額の算定方法も合理的に整備されました。

　遺言制度においても、利便性が高められました。財産目録が自書を要しないものに改められただけでなく、法務局が自筆証書遺言を保管する制度が新たに導入され、この自筆証書遺言については、家庭裁判所における検認手続が不要となりました。また、遺言執行者の権限が明確化されたことも重要です。

　さらに、遺産である預貯金債権については、各共同相続人に遺産分割前の払戻しを認める制度が創設されましたので、金融実務に対しても多大な影響を及ぼすことが予想されます。

　これら以外にも、今回の改正の内容は、遺産分割や相続の効力の見直しなど多岐にわたります。本書は、こうした相続法の改正のポイントとなる点を解説し、法律実務家が実務において留意すべき点をまとめたものです。本書は日常の実務におけるハンドブックとして活用されることが企図されたものですので、本書が実務の参考に供され、改正相続法の

理解の一助となれば、望外の幸せです。

　末筆ながら、日頃の実務で多忙を極める中で本書の執筆に精力的に取り組んでいただいた伊庭潔弁護士、税務の観点から貴重なご助言をいただいた梅村信敏税理士、そして企画の段階から発刊に至るまで、すべてに亘って熱心にご尽力いただいた出版社の皆様方に対して心より感謝申し上げます。

　　2019年8月

弁護士　冨永　忠祐

**目　次**

## I　配偶者居住権

### 第1章　配偶者居住権 ･････････････････････････････････ 2

**1** 配偶者居住権の意義　2

**2** 配偶者居住権が新設された理由　3

**3** 配偶者居住権の成立要件　3

**4** 配偶者居住権の存続期間　4

**5** 審判による配偶者居住権取得の要件　4

**6** 配偶者による使用及び収益　5

**7** 配偶者居住権の第三者対抗要件　7

**8** 配偶者居住権に基づく妨害の停止の請求権等　8

**9** 居住建物の増改築・修繕等　9

**10** 居住建物に要する費用の負担　10

**11** 配偶者居住権の譲渡禁止　10

**12** 建物の共有持分との関係　11

**13** 配偶者居住権の終了　11

**14** 配偶者居住権の財産的価値　13

**15** 実務に及ぼす影響　15

### 第2章　配偶者短期居住権 ･･････････････････････････ 20

**1** 配偶者短期居住権の意義　20

**2** 配偶者短期居住権が新設された理由　20

**3** 配偶者短期居住権と配偶者の相続分　21

**4** 配偶者短期居住権の成立要件　21

**5** 配偶者短期居住権の効力　24

**6** 配偶者による使用　24

**7** 居住建物の修繕等　25

**8** 居住建物に要する費用の負担　26

**9** 配偶者短期居住権の終了　26

**10** 実務に及ぼす影響　28

# Ⅱ　遺産分割

## 第1章　預貯金の仮払い制度等の創設・要件の明確化 ……30

**1** 預貯金の仮払い制度等の意義　30

**2** 預貯金の仮払い制度等が新設された理由　31

**3** 預貯金の仮払い制度等の要件　33

**4** 預貯金の仮払い制度等の効果　34

**5** 実務に及ぼす影響　38

## 第2章　遺産の分割前に遺産に属する財産を処分した場合の遺産の範囲 …………………………………40

**1** 新設された民法906条の2の意義　40

**2** 要　件　42

**3** 同意の撤回の可否　43

**4** 効　果　44

**5** 実務に及ぼす影響　44

## 第3章　一部分割 ………………………………… 45

**1** 遺産の一部分割の意義　45

**2** 遺産の一部分割が明文化された理由　45

**3** 遺産の一部分割の要件　46

**4** 遺産の一部分割が認められない場合の裁判所の対応　47

**5** 家事事件手続法73条2項との関係　47

**6** 実務に及ぼす影響　48

## 第4章　配偶者の持戻し免除 ………………………… 49

**1** 配偶者の持戻し免除の意思表示の推定の意義　49

**2** 配偶者の持戻し免除の意思表示の推定規定が新設された経緯　49

**3** 配偶者の持戻し免除の意思表示の推定規定の要件　50

**4** 配偶者の持戻し免除の意思表示の推定規定の効果　51

**5** 配偶者居住権の遺贈への準用　51

**6** 実務に及ぼす影響　52

# Ⅲ　遺　言

## 第1章　自筆証書遺言における財産目録の方式の緩和 ···· 54

**1** 自書を要しない　54

**2** 財産目録の添付　55

**3** 財産目録の訂正　55

**4** 実務に及ぼす影響　56

## 第2章　公的機関(法務局)における自筆証書遺言の保管制度の創設 ················· 58

**1** 自筆証書遺言の保管制度の意義　58

**2** 自筆証書遺言の保管制度の概要　58

**3** 実務に及ぼす影響　61

## 第3章　遺言執行者の行為の効果 ·············· 62

**1** 遺言執行者の行為の効果に関する改正　62

**2** 遺言執行者の行為の効果が相続人に生ずる要件　63

## 第4章　遺言執行者の通知義務 ··············· 64

**1** 遺言の内容の通知　64

**2** 遺言執行者に就職したことの通知　64

**3** 相続人に対する通知　65

## 第5章　遺言執行者の権限 ················· 66

**1** 遺言執行者の権限の明確化　66

**2** 遺贈の場合　66

**3** 特定財産承継遺言における対抗要件の具備行為　67

**4** 特定財産承継遺言における預貯金債権　67

**5** 預貯金債権以外の金融商品　68

**6** 実務に及ぼす影響　69

## 第6章　遺言執行者の復任権 ··············· 70

**1** 遺言執行者の復任権　70

**2** 復任権を行使した遺言執行者の責任　70


# Ⅳ　遺留分

## 第1章　遺留分の算定方法 ･･････････････････････････ 74

**1** 遺留分を算定するための財産に含めるべき生前贈与　74

**2** 受遺者等が相続人である場合　76

**3** 遺留分を算定するための財産に含めるべき負担付贈与　77

**4** 不相当な対価による有償行為と遺留分の関係　79

**5** 遺留分侵害額の算定　79

**6** 遺留分侵害額の算定における相続債務の取扱い　82

**7** 実務に及ぼす影響　83

## 第2章　遺留分侵害額請求権 ･････････････････････････ 84

**1** 遺留分権利者の請求権の効力の見直し　84

**2** 遺留分の権利を行使した相続人の地位　84

**3** 特定財産承継遺言により財産を承継した相続人等　85

**4** 受遺者等が複数いる場合の負担の順序及び割合　86

**5** 裁判所による支払期限の許与　86

**6** 権利行使の期間制限　87

**7** 実務に及ぼす影響　88


# Ⅴ　相続の効力

## 第1章　相続の効力等に関する見直し――権利の承継 ････ 92

**1** 新設された民法899条の2の意義　92

**2** 民法899条の2が新設された理由　93

**3** 要件及び効果　97

**4** 実務に及ぼす影響　97

## 第2章　相続の効力等に関する見直し――義務の承継 ････ 99

**1** 新設された民法902条の2の意義　99

**2** 民法902条の2が新設された理由　99

**3** 要件及び効果　101

**4** 指定された割合に基づく権利行使　101

**5** 実務に及ぼす影響　102

# VI 特別寄与

## 相続人以外の者の貢献を考慮するための方策 ············· 104

**1** 意　義　104

**2** 特別寄与者による特別寄与料の支払請求の制度が新設された
理由　104

**3** 要　件　105

**4** 権利行使の手続　107

**5** 実務に及ぼす影響　109

# 資料編 ················································· 111

改正相続法新旧対照表　112

法務局における遺言書の保管等に関する法律　133

事項索引　139

# I

# 配偶者居住権

■施行日
令和2年4月1日

## 第1章 配偶者居住権

### 1 配偶者居住権の意義

#### (1) 遺産分割または遺贈による配偶者居住権の取得

被相続人の配偶者は、被相続人の財産に属した建物に相続開始時に居住していた場合において、次のいずれかに該当するときは、居住建物の全部について無償で使用及び収益する権利を取得する（民1028条1項本文）。この権利を配偶者居住権という。

① 遺産分割によって配偶者居住権を取得するものとされたとき。(1号)

② 配偶者居住権が遺贈の目的とされたとき。(2号)

②は「遺贈」に限られており、いわゆる「相続させる」旨の遺言（特定財産承継遺言）は含まれていない。これは、特定財産承継遺言による取得を認めてしまうと、配偶者が配偶者居住権の取得を強いられてしまい、もし取得を望まない場合には相続放棄をすることになり、配偶者にかえって不利益を及ぼしてしまうからである。

他方、死因贈与には遺贈に関する規定が準用されるので（民554条）、死因贈与によっても配偶者居住権を発生させることができる。

#### (2) 審判による配偶者居住権の取得

遺産分割の請求を受けた家庭裁判所は、次に掲げる場合に限り、配偶者が配偶者居住権を取得する旨を審判で定めることができる（民1029条）。

① 共同相続人間に配偶者が配偶者居住権を取得することについて合意が成

立しているとき。（1号）

② 配偶者が家庭裁判所に対して配偶者居住権の取得を希望する旨を申し出た場合において、居住建物の所有者の受ける不利益の程度を考慮してもなお配偶者の生活を維持するために特に必要があると認めるとき（①に掲げる場合を除く）。（2号）

## ❷ 配偶者居住権が新設された理由

被相続人の死後も、配偶者（生存配偶者）が引き続き居住建物に住み続けることを望む場合には、これまでは、遺産分割協議を経て、配偶者が居住建物の所有権を取得することが多かった。

しかし、一般的に、居住建物の所有権の価値が大きいため、居住建物の所有権を取得する配偶者は、居住建物以外の預貯金等の遺産を少ししか取得できないことになる。その結果、配偶者のその後の生活に支障が出るという問題があった。

そこで、配偶者が経済的にも精神的にも安心して居住建物に継続して住み続けることができるようにするため、配偶者居住権が新設された。

## ❸ 配偶者居住権の成立要件

### (1) 被相続人の財産に属した建物

被相続人が生前、配偶者以外の第三者と共有していた建物は、配偶者居住権の対象にはならない（民1028条1項ただし書）。これは、第三者と共有する建物に配偶者居住権を成立させてしまうと、第三者に過大な負担を課すことになるからである。

なお、この規定の反対解釈から、被相続人と配偶者の共有の建物には配偶者居住権が成立し得る。

### (2) 相続開始時における居住

配偶者居住権が成立するには、相続開始時に配偶者が当該建物に居住していることが必要である。もっとも、当該建物の一部にだけ居住していた場合でも、配偶者居住権が成立する。

相続開始時には配偶者が施設に入所し、または病院に入院していた場合であっても、これらが一時的なものであるときは、相続開始時に当該建物に居住していたものと扱われる。

### (3) 内縁（事実婚）の配偶者

民法改正の審議過程では、内縁（事実婚）の配偶者にも配偶者居住権を認めるべきではないかとの議論がなされたが、法律婚の尊重、相続法制における画一的処理の要請等から見送られた。

## 4　配偶者居住権の存続期間

配偶者居住権の存続期間は、原則として配偶者の終身の間である（民1030条本文）。

ただし、遺産分割の協議もしくは遺言に別段の定めがあるとき、または家庭裁判所が遺産分割の審判において別段の定めをしたときは、その定めるところによる（同条ただし書）。

## 5　審判による配偶者居住権取得の要件

前述のとおり、配偶者居住権は、遺産分割または遺贈（死因贈与を含む）によって取得する場合のほか、家庭裁判所の審判によって成立する場合が2つある（民1029条）。それぞれの要件は以下のとおりである。

① 共同相続人全員の合意

民法1029条1号は「共同相続人間」の合意を要件としている。共同相続人全員の賛成が必要であるから、一人でも反対者がいれば、1号の審判をすることができない。したがって、最も利害関係の深い当事者である、居住建物の所有者の相続人と配偶者との間に合意があっても、他の相続人のうち一人でも反対者がいれば、家庭裁判所は1号で配偶者居住権を定めることはできない。

② 特に必要があると認めるとき

民法1029条2号は、1号と異なり、共同相続人全員の合意が得られないにもかかわらず、配偶者が配偶者居住権の取得を希望した場合の規定である。その要件は、「居住建物の所有者の受ける不利益の程度を考慮しても

なお配偶者の生活を維持するために特に必要があると認めるとき」である。したがって、2号による配偶者居住権の成立はきわめて制限されている。

どのような場合にこの要件が充足されるのかは、今後の審判例の集積を待つほかないが、配偶者が高齢で（したがって、配偶者居住権の存続期間が短いことが予想される）、他に住居を確保することが困難であるケースが想定される。

しかし、たとえ居住建物の所有者が反対しても、裁判所の判断で配偶者居住権の成立が認められてしまうのであるから、居住建物の所有者と配偶者間における紛争の生起・拡大が懸念される。

## 6 配偶者による使用及び収益

### (1) 居住建物全部の使用収益権

配偶者居住権は、居住建物の全部について無償で使用及び収益する権利である。収益とは、第三者に賃貸し、賃料を取得することが典型例であるが、後述のとおり、これには建物所有者の承諾を要するので、条文上「収益する権利」が認められているといっても、実際上は、配偶者が自由に賃貸できるわけではないので、注意が必要である。

配偶者が居住建物の一部に居住していた場合（例：残部を店舗として使用していた場合）でも、居住建物の全部について配偶者居住権が成立する。居住建物の一部にだけ配偶者居住権を認める制度は、登記の困難性等を理由に採用されなかった。

### (2) 用法遵守義務等

配偶者居住権を取得した配偶者は、従前の用法に従い、善良な管理者の注意をもって居住建物の使用及び収益をしなければならない（用法遵守義務、善管注意義務、民1032条1項本文）。したがって、たとえば、従前、建物の全部を居住用として使用していた場合は、その一部であっても店舗として使用することは許されない。

ただし、従前、居住の用に供していなかった部分を居住の用に供することはできる（同項ただし書）。たとえば、従前、建物の一部を店舗として使用してい

た場合に、今後は、この部分を居住用に使用することができる。配偶者の居住権を保護するという立法趣旨に照らし、この意味では従前の用法の変更が認められている。

### (3) 第三者の使用収益

配偶者は、建物所有者の承諾を得なければ、第三者に居住建物の使用または収益をさせることができない（民1032条3項）。もっとも、配偶者が家族を占有補助者として同居させることは、第三者の使用に当たらないので、居住建物の所有者の承諾は不要である。

配偶者は、建物所有者の承諾を得れば、配偶者居住権に基づき建物を第三者に賃貸することができる。配偶者が適法に建物を第三者に賃貸した場合、建物所有者、配偶者（賃貸人）及び第三者（賃借人）の三者間の法律関係には、転貸借の規定が準用される（民1036条・613条）。

① 賃借人は、建物所有者に対し、当該賃貸借契約に基づき、配偶者の建物所有者に対する義務の範囲を限度として、債務を直接履行する義務を負う（民1036条・613条1項）。たとえば、配偶者居住権が消滅した場合には、賃借人は建物所有者に建物を返還する義務がある。また、そもそも配偶者は建物所有者に対して賃料支払義務を負っていないので、賃借人が建物所有者に賃料を支払うことはない。

② 配偶者が適法に建物を第三者に賃貸した場合でも、建物所有者が配偶者に対して権利を行使することは妨げられない（民1036条・613条2項）。

③ 配偶者が適法に建物を第三者に賃貸した場合、建物所有者と配偶者の合意による配偶者居住権の消滅を賃借人に対抗することはできない（民1036条・613条3項本文）。ただし、上記合意時に、建物所有者が配偶者の債務不履行による配偶者居住権消滅請求権を有していたときは、配偶者居住権の消滅をもって賃借人に対抗することができる（民1036条・613条3項ただし書）。

### (4) 配偶者の債務不履行

配偶者が用法遵守義務や善管注意義務に違反し、また、居住建物の所有者の承諾なく、第三者に居住建物の使用または収益をさせた場合において、居住建

物の所有者が相当の期間を定めてその是正を勧告したにもかかわらず、その期間内に是正がされないときは、居住建物の所有者は、配偶者に対する意思表示によって配偶者居住権を消滅させることができる（民1032条4項）。

ただし、こうした義務違反の程度が軽微な場合にも、配偶者居住権を消滅させることができるのかは疑問である。賃貸借において、たとえ契約解除事由があっても、賃貸人に対する背信行為と認めるに足りない特段の事情がある場合には解除権の行使が制限されるのと同様に、義務違反の程度が軽微な場合には、配偶者居住権の消滅請求が制限される余地がある。配偶者は、具体的相続分として配偶者居住権を取得しているのであり、その意味では実質的には多額の対価を支払っているのであって、軽微な義務違反を理由に直ちに配偶者居住権を消滅させるのは配偶者に酷だからである。

## ❼　配偶者居住権の第三者対抗要件

### (1)　配偶者居住権の対抗要件

配偶者居住権は、その設定登記（不登3条9号）をすることによって、居住建物の物権を取得した者その他の第三者に対抗することができる（民1031条2項・605条）。配偶者居住権の登記の対抗力があるのは居住建物であり、その敷地所有権については対抗力が認められていない。

なお、配偶者居住権の対抗要件は登記だけであって、借地借家法上の対抗要件の規定（借地借家31条）は適用されない。配偶者居住権においては無償で建物を利用することができるので、対抗要件を具備した後に建物所有権を取得した者などは、配偶者居住権の存続期間中は、建物の使用の対価（賃料）すら取得することができない。このことに鑑みると、配偶者居住権においては、賃借権とくらべて、より一層、権利の内容を公示すべき必要性が高いからである。

### (2)　配偶者居住権の登記事項

配偶者居住権の登記事項は、「登記の目的」、「登記原因及びその日付」などのほか、「存続期間」、「第三者に居住建物の使用又は収益させることを許す旨の定めがあるときは、その定め」である（不登81条の2・59条）。

### (3) 配偶者居住権の登記をする義務

第三者対抗要件が具備されないと、配偶者居住権が不安定な権利となるので、居住建物の所有者は、配偶者居住権を取得した配偶者に対し、配偶者居住権の設定登記を備えさせる義務を負うものとされている（民1031条1項）。

### (4) 居住建物の譲受人と配偶者との優劣

居住建物の譲受人と配偶者との優劣は、登記の先後で決まる。

これに対して、敷地の譲受人との関係では、配偶者居住権の登記の有無にかかわらず、敷地の譲受人が優先する。ただし、居住建物を譲渡した際に敷地利用権（賃借権等）が設定された場合には、この敷地利用権を敷地の譲受人に主張することは可能である。

居住建物と敷地が同一人に譲渡された場合は、配偶者居住権の登記が先であれば、配偶者居住権が優先する。

### (5) 抵当権者等と配偶者との優劣

居住建物を差し押さえた相続債権者、相続人の債権者及び居住建物の抵当権者と配偶者との優劣は、配偶者居住権の登記と差押えの登記または抵当権設定登記の先後で決まる。

敷地を差し押さえた相続債権者、相続人の債権者及び敷地の抵当権者との関係では、差押えの登記または抵当権設定登記が配偶者居住権の登記の後であっても、差押えまたは抵当権が優先する。ただし、居住建物と敷地が同一人に競落された場合は、配偶者居住権の登記が先であれば、配偶者居住権が優先する。

## 8 配偶者居住権に基づく妨害の停止の請求権等

配偶者居住権の設定登記を備えた場合、配偶者は、当該不動産の占有を第三者が妨害しているときは、その第三者に対して妨害の停止の請求をすることができ、また、当該不動産を第三者が占有しているときは、その第三者に対して返還の請求をすることができる（民1031条2項・605条の4）。

すなわち、第三者との関係では、設定登記を備えた配偶者居住権は、対抗要件を備えた不動産賃借権と同様に妨害停止請求権等が付与されているわけである。

## 9 居住建物の増改築・修繕等

### (1) 居住建物の増改築

　配偶者居住権を取得した配偶者は、居住建物の所有者の承諾を得なければ、居住建物の増改築をすることができない（民1032条3項）。配偶者がこれに違反して、無断で増改築をした場合に、居住建物の所有者が相当の期間を定めてその是正を催告したにもかかわらず、その期間内に是正がされないときは、居住建物の所有者は、当該配偶者に対する意思表示によって配偶者居住権を消滅させることができる（同条4項）。

　借地借家法では、増改築制限条項がある場合でも裁判所の許可を得て増改築をすることのできる制度があるが（借地借家17条2項）、配偶者居住権にはこのような制度が設けられていない。

### (2) 居住建物の修繕

①　配偶者居住権を取得した配偶者は、居住建物の使用及び収益に必要な修繕をすることができる（民1033条1項）。したがって、たとえば、天井から雨漏りがしている場合には、配偶者は、居住建物の所有者の承諾なく、その修繕をすることができる。

②　居住建物の修繕が必要となったにもかかわらず、配偶者が相当の期間内にその修繕をしない場合には、居住建物の所有者がその修繕をすることができる（同条2項）。

③　たとえば、天井から雨漏りがしている場合など、居住建物が修繕を要するときは、配偶者が自らその修繕をするときを除き、配偶者は、居住建物の所有者に対し、遅滞なくその旨を通知しなければならない。居住建物について権利を主張する者があるときも同様である（同条3項本文）。ただし、居住建物の所有者がすでにそのことを知っているときは、通知は不要である（同項ただし書）。

## ⑩ 居住建物に要する費用の負担

### (1) 通常の必要費

配偶者居住権を取得した配偶者は、居住建物の通常の必要費（例：固定資産税）を負担する（民1034条1項）。

### (2) 特別の必要費と有益費

通常の必要費以外の費用については、買戻しにおける費用償還請求に関する民法583条2項が準用されている（民1034条2項）。

したがって、特別の必要費（例：台風で窓が破損した場合の修繕費）は、所有者が負担する（民583条2項・196条1項）。

有益費（例：内装の模様替え）は、その価格の増加が現存する場合に限り、配偶者は、所有者に対して償還請求することができるが、その金額については、支出額または増加額のどちらかを所有者が選択することができる（民583条2項・196条2項本文）。また、有益費の償還請求に対しては、所有者の請求により、裁判所が償還について相当の期限を許与することができる（民583条2項ただし書）。

## ⑪ 配偶者居住権の譲渡禁止

配偶者は、配偶者居住権を譲渡することができない（民1032条2項）。配偶者居住権は、配偶者の居住環境の継続を目的としているので、その譲渡を認めることは制度趣旨に反するからである。

しかし、そうなると、配偶者居住権を取得した配偶者が、後になって当該建物に居住することが不要となった場合に、第三者に譲渡する方法によっては配偶者居住権を換価することはできないことになる。また、居住建物の所有者に対する買取り請求権も認められていない。

他方で、配偶者と居住建物の所有者が合意して、居住建物の所有者が対価を支払って配偶者が配偶者居住権を放棄するのは当事者の自由である。しかし、配偶者居住権が不要になった時点では、対価の算定等において合意に至るのが難しい場合もあろう。したがって、遺産分割協議や遺言等において、将来、配

偶者居住権を放棄する場合に備えて、対価の算定基準や支払方法等をあらかじめ定めておくことも検討すべきである。

## 12 建物の共有持分との関係

配偶者が居住建物の共有持分を有する場合は、当該建物の全部について、その持分に応じた使用をすることができるので（民249条）、配偶者居住権を成立・存続させる必要がないのではないかという疑義がある。

しかし、判例によると、不動産の共有者の一部の者が単独で占有していることにより持分に応じた使用が妨げられている他の共有者は、占有者に対し、持分割合に応じて占有部分に係る地代相当額の不当利得金ないし損害賠償金の支払いを請求できるとされている（最判平成12年4月7日判時1713号50頁）。したがって、たとえ配偶者が居住建物の共有持分を有する場合でも、こうした不当利得金等の支払いを免れさせるために配偶者居住権を成立させる意味がある。

そこで、居住建物が配偶者の財産に属することとなった場合であっても、他の者がその共有持分を有するときは、配偶者居住権が消滅しないとされている（民1028条2項）。

## 13 配偶者居住権の終了

### (1) 配偶者居住権の終了事由

① 配偶者居住権に存続期間の定めがあるときは（民1030条ただし書）、期間満了により配偶者居住権は終了する（民1036条・597条1項）。更新はされない。

また、期間満了後に、当事者間の合意によって配偶者居住権を再設定することも認められていない。ただし、所有者と配偶者が、配偶者居住権ではなく、使用貸借または賃貸借の合意をして、引き続き配偶者が居住することは可能である。

② 配偶者居住権は一身専属権とされており、配偶者の死亡によって消滅する（民1036条・597条3項）。配偶者の相続人に配偶者居住権が相続されることはない。

配偶者が建物所有者の承諾を得て適法に建物を第三者に賃貸していた場

合でも、配偶者の死亡により配偶者居住権が消滅するので、建物所有者は賃借人に対して建物の明渡しを求めることができる。しかし、これでは、賃借人の地位が大変不安定である。そこで、建物所有者、配偶者及び賃借人の三者間で、「配偶者が死亡した場合には賃貸人の地位を建物所有者が引き継ぐ」などの合意をしておくことを検討すべきである。

③　配偶者は、建物所有者との合意により配偶者居住権を終了させることができる。また、配偶者が配偶者居住権を放棄することも自由である。

④　前述のとおり、配偶者が用法遵守義務に違反した場合などにおいては、居住建物の所有者は、配偶者居住権を消滅させることができる（民1032条4項）。

⑤　配偶者が建物所有権を取得した場合には、混同により配偶者居住権が消滅する。

⑥　居住建物が滅失した場合、居住建物の利用を目的とする権利である配偶者居住権は消滅する（民1036条・616条の2）。

⑦　配偶者居住権に優先する抵当権等が実行された場合、対抗関係で劣位にある配偶者居住権は消滅する。

## (2)　居住建物の返還

配偶者は、配偶者居住権が消滅したときは、居住建物の返還をしなければならない（民1035条1項本文）。ただし、配偶者が居住建物について共有持分を有する場合は、居住建物の所有者は、配偶者居住権が消滅したことを理由としては、居住建物の返還を求めることができない（同項ただし書）。

## (3)　居住建物返還時の権利義務

①　配偶者居住権が消滅し、居住建物の返還をするときは、配偶者は、相続開始後に居住建物に附属させた物を収去する義務を負う（民1035条2項・599条1項本文）。ただし、居住建物から分離することができない物または分離するのに過分の費用を要する物については、この限りでない（民1035条2項・599条1項ただし書）。

②　配偶者は、配偶者居住権が消滅し、居住建物の返還をするときは、相続開始後に居住建物に生じた損傷（通常の使用及び収益によって生じた損耗並

びに経年変化を除く）を原状に復する義務を負う（民1035条2項・621条本文）。ただし、その損傷が配偶者の責めに帰することができない事由によるものであるときは、この限りでない（民1035条2項・621条ただし書）。

③　配偶者の用法遵守義務及び善管注意義務違反によって生じた損害の賠償及び配偶者が支出した費用の償還は、居住建物の返還を受けた時から1年以内に請求しなければならない（民1036条・600条1項）。また、その損害賠償請求権は、居住建物取得者が当該建物の返還を受けた時から1年を経過するまでは、時効が完成しない（民1036条・600条2項）。

④　配偶者の死亡により配偶者居住権が消滅したときは、上記の権利義務は配偶者の相続人に承継される。

## 14　配偶者居住権の財産的価値

### (1)　配偶者居住権の財産的価値を評価する必要性

配偶者が遺産分割で配偶者居住権を取得する場合（民1028条1項1号）、配偶者は、自らの具体的相続分においてこれを取得することになるので、配偶者居住権の財産的価値を評価する必要がある。

また、配偶者が遺贈によって配偶者居住権を取得する場合には（同項2号）、特別受益（民903条）として配偶者の具体的相続分に影響を及ぼすことがあり得るし[1]、遺留分侵害の有無を検討することも必要であるので、やはり配偶者居住権の財産的価値を評価する必要がある。

### (2)　配偶者居住権の財産的価値の評価方法

配偶者居住権の財産的価値の評価については、当事者間で協議をして合意することは自由である。

しかし、合意できない場合には、鑑定を経て、裁判所の判断に委ねられることになる。鑑定費用は、当事者全員が各々の法定相続分に応じて負担するのが基本である。

---

1)　ただし、婚姻期間が20年以上の夫婦の一方である被相続人が、他の一方に対し、その居住の用に供する建物の配偶者居住権について遺贈をしたときは、特別受益の持戻しを免除する意思を表示したものと推定される（民1028条3項・903条4項）。

配偶者居住権の財産的価値の評価方法については、民法改正の審議過程でいくつかの提案がなされ、その後も、研究者や実務家から様々な考え方が提唱されているが、現在のところ、配偶者居住権の財産的価値の評価方法として確立したものは存在しない。もっとも、平成30年12月21日に平成31年度税制改正の大綱が閣議決定され、相続税における配偶者居住権の評価方法について措置される予定となった（後掲「資料」参照）。以下、配偶者居住権の財産的価値の評価方法として考えられているものを2つ紹介する。

### ア　賃料相当額による方法

配偶者居住権を有する配偶者は、家賃を支払わずに他人が所有する建物に住むことができるので、換言すれば、家賃の支払いを免除されているに等しい。そこで、配偶者居住権の財産的価値は、配偶者が配偶者居住権を得てから亡くなるまでの間に支払いを免れた家賃相当額の現在価値と考えることができる。現在価値を導くには、毎年一定のキャッシュフローの現在価値を一定期間にわたって積み上げる率であるライプニッツ係数（複利年金現価率）を用いることが便宜である。その場合、法定利率（民404条2項）である年3％のライプニッツ係数を選択し、配偶者の余命は厚生労働省の簡易生命表等による平均余命を参考にして算出する。ただし、賃料相当額による方法には、先決事項である家賃相当額の査定に相当高度な専門的知見を要するという難点がある。

### イ　固定資産税評価額に基づく方法

まず、建物価値はその固定資産税評価額と同額とし[2]、これについて配偶者居住権の存続期間分の減価償却をする。これによって配偶者居住権の存続期間満了時点の建物価値が算出されるので、この建物価値をさらにライプニッツ係数を用いて現在価値に引き直す。減価償却の方法は定額法[3]を採用し、建物の残存耐用年数[4]から配偶者居住権の存続期間（配偶者の平均余命）を引いた数値を、建物の残存耐用年数をもって除する。計算式は、以下のとおりである。

配偶者居住権付きの建物の価額① ＝

$$固定資産税評価額 \times \frac{残存耐用年数 - 配偶者の平均余命}{残存耐用年数} \times ライプニッツ係数$$

次に、配偶者は、配偶者居住権の存続期間中は、居住建物の敷地を排他的に

使用することになるので、敷地利用権の財産的価値を上記の建物価値に加算する。この敷地利用権の財産的価値の算出方法もいくつかあり得るが、一つの考え方としては、敷地の所有者が配偶者居住権の存続期間中は敷地を自由に使用及び収益をすることができないことに着目し、敷地の所有者が配偶者居住権の存続期間満了後に得ることになる負担のない敷地所有権の価額をライプニッツ係数を用いて現在価値に引き直すことによって、配偶者居住権付きの敷地の財産的価値を算出する方法がある。計算式は、以下のとおりである。

配偶者居住権付きの敷地の価額②＝敷地の固定資産税評価額×ライプニッツ係数

　配偶者居住権の財産的価値は、建物と敷地の固定資産税評価額の合計額から、上記の①と②の合計額を控除したものとなる[5]。

## 15　実務に及ぼす影響

### (1)　「相続させる」旨の遺言による取得

　前述のとおり、配偶者居住権の取得方法として「遺贈」による取得は認められているが（民1028条1項2号）、いわゆる「相続させる」旨の遺言（特定財産承継遺言）による取得は認められていない。したがって、「配偶者居住権を妻に相続させる」旨の遺言は無効となる。

　しかし、遺言者が無効であることを承知の上で遺言を作ることは通常考えられない。したがって、遺言者の合理的意思としては、配偶者居住権を遺贈する趣旨であると解釈すべきであろう。

　とはいえ、専門家がアドバイスするに当たっては、その点についての正確な

---

2)　財産評価基本通達89（家屋の評価）参照。
3)　定額法とは、減価償却資産の取得価額に、その償却費が毎年同一になるように当該資産の耐用年数に応じた償却率を乗じて計算した金額を各事業年度の償却費として償却する方法であり、建物はこれによる（法税施48条1項1号等）。
4)　建物残存耐用年数は、法定耐用年数から経過年数を控除したものである。法定耐用年数は、減価償却資産の耐用年数等に関する省令（昭和40年3月31日大蔵省令第15号）において構造・用途ごとに規定されており、たとえば、木造の住宅用建物は22年、鉄筋コンクリート造の住宅用建物は47年とされている。
5)　現在、法務省は、簡易な評価方法をホームページで公表している。

助言をすべきであって、誤った助言をした場合には責任を問われることも起こり得る。

## (2) 配偶者居住権終了時における現実の対応

配偶者居住権が終了すると配偶者は居住建物から退去しなければならないが、現実には退去できない場面も少なくないと思料される。たとえば、配偶者居住権の期間を20年と定めていたところ、配偶者が90歳となって期限が到来した場合に、実際上、居住建物の所有者は直ちに明渡しを求めることができるであろうか。

この点、もし建物賃貸借であれば、期間満了の場合における更新等に当たり、賃貸人及び賃借人の「建物の使用を必要とする事情」などを総合的に考慮して、正当の事由があると認められる場合でなければ、期間満了後も賃借権が存続する（借地借家28条）。

しかし、配偶者居住権では、そのような観点からの配偶者保護規定がまったく設けられていない。とはいえ、配偶者の生存に直結する重大問題であるので、事案によっては、居住建物の所有者からの明渡し請求が権利の濫用として認められないケースも出てくるであろう。

実務上は、もし配偶者居住権に期限の定めを設ける場合には、期限到来後の配偶者の住まいに目配りしておくことが肝要となる。

## (3) 配偶者居住権のリスク

遺産分割に当たり配偶者居住権を一定の財産的価値のある権利と評価した上で、配偶者は、これを相続分の一部として取得する計算になる。たとえば、配偶者の相続分が合計3000万円であるとすると、配偶者居住権の評価額が2000万円であれば、配偶者はその余の遺産の中から1000万円を取得することになる。

ここで、配偶者居住権の評価において平均余命が基礎とされている場合、配偶者が平均余命よりも早く死亡すると、配偶者は結果的に損をしたことになる。なぜなら、平均余命よりも短期間で消滅した配偶者居住権の評価額は2000万円よりも低額であるので、配偶者は、本来の相続分（3000万円）を取得しなかったことになるからである。この反面、他の相続人は、その分、結果

的に利得することになる。しかし、ここでは不当利得返還請求は発生しないと解されている。

この裏返しの場面として、配偶者が平均余命よりも長生きした場合には、結果的に配偶者が利得し、他の相続人が損をすることになるが、ここでも不当利得返還請求権は認められない。

配偶者居住権を取得する場合には、このようなリスクも勘案して、慎重に判断することが必要である。

## (4) 配偶者居住権付き不動産を担保に供する場合

配偶者居住権が設定されている不動産を担保に供して融資が行われる場合、貸主がその不動産の財産的価値をどのように評価するかは難しい課題である。

実際上は、配偶者居住権の存続期間が長期かつ不確定であることや、賃料収入等の果実も伴わないこと等に鑑みると、貸主側は担保評価を保守的に行うことになろう。したがって、借主側としても、資金調達の面で配偶者居住権の存在がマイナス要因になることを承知しておかなければならない。

---

### ◆資料◆「平成31年度税制改正の大綱」(抄)

(3) 民法（相続関係）の改正に伴い、次の措置を講ずる。

① 相続税における配偶者居住権等の評価額を次のとおりとする。

　イ　配偶者居住権

　　　建物の時価−建物の時価×（残存耐用年数−存続年数）／残存耐用年数×存続年数に応じた民法の法定利率による複利現価率

　ロ　配偶者居住権が設定された建物（以下「居住建物」という。）の所有権

　　　建物の時価−配偶者居住権の価額

　ハ　配偶者居住権に基づく居住建物の敷地の利用に関する権利

　　　土地等の時価−土地等の時価×存続年数に応じた民法の法定利率による複利現価率

　ニ　居住建物の敷地の所有権等

　　　土地等の時価−敷地の利用に関する権利の価額

　(注1) 上記の「建物の時価」及び「土地等の時価」は、それぞれ配偶者居住権が設定されていない場合の建物の時価又は土地等の時価とする。

　(注2) 上記の「残存耐用年数」とは、居住建物の所得税法に基づいて定められている耐用年数（住宅用）に1.5を乗じて計算した年数から居住建物の築後経過年数

*18*　Ⅰ　配偶者居住権

を控除した年数をいう。
　（注3）　上記の「存続年数」とは、次に掲げる場合の区分に応じそれぞれ次に定める
　　　　年数をいう。
　　　（イ）　配偶者居住権の存続期間が配偶者の終身の間である場合　配偶者の平均余
　　　　　命年数
　　　（ロ）（イ）以外の場合　遺産分割協議等により定められた配偶者居住権の存続期
　　　　　間の年数（配偶者の平均余命年数を上限とする。）
　（注4）　残存耐用年数又は残存耐用年数から存続年数を控除した年数が零以下となる
　　　　場合には、上記イの「（残存耐用年数－存続年数）／残存耐用年数」は、零とする。
　②　物納劣後財産の範囲に居住建物及びその敷地を加える。
　③　配偶者居住権の設定の登記について、居住建物の価額（固定資産税評価額）に対
　　し1,000分の2の税率により登録免許税を課税する。


◆**税理士からの解説**◆

　これは、建物の配偶者居住権の相続税評価額を算出するための計算式です。
　まず、建物の配偶者居住権が設定された所有権の価額を計算して、その金額を
建物の時価（固定資産税評価額）から差し引きます。その価額を、建物の配偶者
居住権の相続税評価額とするものです。
　**残存耐用年数**とは、その家はあと何年くらい住めるか、を耐用年数という年数
で表したものです。建物の構造に応じた法定耐用年数を1.5倍して、その耐用年
数から、新築から現在までの築年数を差し引いて算出します。
　**存続年数**とは、配偶者居住権を何年間に設定するかは自由に決めることができ
ますので、配偶者が死亡するまで、すなわち終身であれば、配偶者の年齢と性別
に応じた平均余命の年数になります。現在、厚生労働省の平成29年簡易生命表か
ら計算しています。終身と期間を設定していない場合は、遺産分割協議等により
定められた配偶者居住権の存続期間の年数が、存続年数になります。
　存続年数に応じた民法の法定利率による**複利現価率**とは、一覧表に定められた
数値になります。この数値を使います。2020年4月1日より法定利率は3％にな
り、この法定利率は3年に一度見直されます。
　配偶者居住権が設定された建物の所有権の価額は、建物の時価（固定資産税評
価額）から、配偶者居住権の相続税評価額を差し引いて求め、配偶者居住権に基
づく居住建物の敷地の利用に関する権利の価額は、土地等の時価に、存続年数に
応じた民法の法定利率による複利現価率をかけて算出された価額を、土地等の時

価から差し引いて求めます。居住建物の敷地の所有権等の価額は、土地等の時価から、配偶者居住権に基づく居住建物の敷地の利用に関する権利の価額を差し引いて求めます。

　**物納劣後財産**とは、相続税を現金で納めることができず、物納をする場合、物納に充てることができる財産の順位が、ほかの財産に比べて後の順位として取り扱われる財産をいいます。居住建物及びその敷地は配偶者居住権が設定されているので、物納をした他の財産に比べて、この財産を売却して現金化することが難しいことから、物納劣後財産に加えられます。

## 第2章 配偶者短期居住権

### 1 配偶者短期居住権の意義

　配偶者は、相続開始時に、被相続人の財産に属した建物に無償で居住していた場合には、以下に定める日までの間、居住建物の所有権を相続または遺贈により取得した者（居住建物取得者）に対し、居住建物について無償で使用する権利（配偶者短期居住権）を有する（民1037条1項本文）。これは法定の権利であるから、配偶者は、居住建物の使用につき賃料相当額の不当利得または不法行為の責任を負わない。

　　① 居住建物について配偶者を含む共同相続人間で遺産分割をすべき場合　遺産分割により居住建物の帰属が確定した日または相続開始時から6か月を経過する日のいずれか遅い日。（1号）

　　② 前号に掲げる場合以外の場合　居住建物取得者による配偶者短期居住権の消滅の申入れの日から6か月を経過する日。（2号）

### 2 配偶者短期居住権が新設された理由

　配偶者短期居住権が新設された背景には、最判平成8年12月17日（民集50巻10号2778頁）がある。

　この判決は、「共同相続人の一人が相続開始前から被相続人の許諾を得て遺産である建物において被相続人と同居してきたときは、特段の事情のない限り、被相続人と右同居の相続人との間において、被相続人が死亡し相続が開始した後も、遺産分割により右建物の所有関係が最終的に確定するまでの間は、引き続き右同居の相続人にこれを無償で使用させる旨の合意があったものと推

認されるのであって、被相続人が死亡した場合は、この時から少なくとも遺産分割終了までの間は、被相続人の地位を承継した他の相続人等が貸主となり、右同居の相続人を借主とする右建物の使用貸借契約関係が存続することになるものというべきである。けだし、建物が右同居の相続人の居住の場であり、同人の居住が被相続人の許諾に基づくものであったことからすると、遺産分割までは同居の相続人に建物全部の使用権原を与えて相続開始前と同一の態様における無償による使用を認めることが、被相続人及び同居の相続人の通常の意思に合致するといえるからである。」と述べる。

すなわち、相続開始前から被相続人の許諾を得て遺産である建物において被相続人と同居していた相続人については、相続開始後、建物の所有関係が確定するまでの間は、引き続き当該相続人に無償で使用させる旨の合意があったものと推認されるので、建物の使用賃借契約関係を存続させることを認めたのである。

この判決を踏まえて、改正民法は、配偶者の死後、生存配偶者が直ちに建物からの退去（急な引越し）を余儀なくされる事態を回避し、短期間ではあるが生存配偶者の居住権を保護するために、配偶者短期居住権を新設したのである。すなわち、相続というものは突然起きるものであるから、引越しの準備をしていない配偶者が直ちに居住建物から追い出される不都合を解消する必要があるためである。

### 3　配偶者短期居住権と配偶者の相続分

配偶者短期居住権は、生存配偶者が居住建物から退去する猶予期間を設ける趣旨のものであって、当該配偶者の相続分として扱われるものではない。したがって、遺留分侵害の対象にもならない。

### 4　配偶者短期居住権の成立要件

#### (1)　配偶者が相続開始時に被相続人の財産に属した建物に無償で居住していたこと

配偶者短期居住権の成立要件は、相続開始時に、配偶者が被相続人の財産に属した建物に無償で居住していたことである。配偶者と被相続人が同居してい

たことは要件となっていない。

　配偶者が有償で建物に居住していた場合は、配偶者短期居住権は成立しない。その場合は、被相続人と配偶者との間に賃貸借等の契約関係があったと考えられるので、被相続人の契約上の地位が相続人に承継される。

## (2)　被相続人が建物の共有持分しか有していなかった場合

　居住建物が「被相続人の財産に属した」（民1037条1項柱書）とは、居住建物の全部が被相続人の所有物である場合のほか、被相続人が共有持分しか有していなかった場合も含まれる。したがって、配偶者は、被相続人の共有持分を取得した者に対し、その持分に応じた対価を支払う義務がない。

## (3)　居住建物の一部のみを無償で使用していた場合

　配偶者短期居住権の成立要件として、配偶者が建物に居住していたことが必要であるが、配偶者が建物全部を居住のために使用していたことまでは求められていない。建物の一部を居住のために使用していれば、配偶者短期居住権が成立する。

　なお、この場合における配偶者短期居住権の成立範囲は、「無償で使用していた」部分である（民1037条1項柱書）。必ずしも居住部分には限られない。たとえば、建物の一部に居住し、他の部分で店舗を営んでいたケースでも、いずれも無償で使用していたのであれば、建物全部に配偶者短期居住権が成立する。

## (4)　配偶者居住権との関係

　配偶者が相続開始時に配偶者居住権を取得したときは、居住建物から退去する猶予期間を設ける必要がないので、配偶者短期居住権は成立しない（民1037条1項ただし書）。

## (5)　配偶者が相続権を失った場合

　生存配偶者が相続人の欠格事由（民891条）に該当し、または廃除（民892条、893条）によって相続権を失ったときは、居住建物取得者を犠牲にしてまで配偶者を保護する必要はないので、配偶者短期居住権は成立しない（民1037条1項柱書）。

## (6) 被相続人の反対意思と配偶者短期居住権

前述のとおり、廃除によって相続権を失ったとき等は配偶者短期居住権が発生しないとされていること（民1037条1項柱書）の反対解釈として、このような特別の事由がない限り、たとえ被相続人が反対の意思を表示していても配偶者短期居住権は発生する。

したがって、生前、被相続人と配偶者が別居しており、被相続人が配偶者に対して居住建物からの明渡しを求めていたケースや、被相続人が遺言で配偶者以外の者に居住建物を取得させたケースであっても、なお配偶者短期居住権は成立する。

## (7) 内縁（事実婚）の配偶者

民法改正の審議過程では、内縁（事実婚）の配偶者にも配偶者短期居住権を認めるべきではないかとの議論がなされたが、法律婚の尊重、相続法制における画一的処理の要請等から見送られた。

ただし、内縁の夫の死亡後に、その相続人からの所有建物に居住する内縁の妻に対する建物明渡し請求が権利の濫用に当たるとして、内縁の妻を保護した判例がある（最判昭和39年10月13日民集18巻8号1578頁）。また、最判平成10年2月26日（民集52巻1号255頁）は、「内縁の夫婦がその所有する不動産を居住又は共同事業のために共同で使用してきたときは、特段の事情のない限り、両者の間において、その一方が死亡した後は他方が右不動産を単独で使用する旨の合意が成立していたものと推認するのが相当」であるとし、共有者間の「合意が変更され、又は共有関係が解消されるまでの間」は「従前と同一の目的、態様の不動産の無償使用を継続する」として、内縁の配偶者を保護している。

これらの判例に鑑みれば、事案によっては、今後も内縁配偶者の居住を相続開始後一定期間保護することは可能であると思料される。

24　I　配偶者居住権

## 5　配偶者短期居住権の効力

### (1)　居住建物を無償で使用する権利

　配偶者短期居住権の効力は、居住建物を相続または遺贈によって取得したものに対し、「無償で使用する権利」（民1037条1項柱書）を有することである。収益する権利までは認められていない。

　前述のとおり、建物の一部を居住のために使用していた場合における配偶者短期居住権の成立範囲は、「無償で使用していた」部分である（同項柱書）。

### (2)　建物につき配偶者を含む共同相続人間で遺産分割をすべき場合

　当該配偶者は、遺産分割により居住建物の帰属が確定した日または相続開始時から6か月を経過する日のいずれか遅い日までの間、居住建物を無償で使用することができる。

　遺産分割全体が完了した日ではなく、「居住建物の帰属が確定した日」が基準になっているので、居住建物についてだけ遺産分割の協議が成立し、または審判が確定すれば、配偶者短期居住権は消滅する。

### (3)　上記(2)以外の場合

　居住建物取得者は、いつでも配偶者短期居住権の消滅の申入れをすることができる（民1037条3項）。この場合は、消滅の申入れの日から6か月を経過した日までの間、当該配偶者は、居住建物を無償で使用することができる（同条1項2号）。相続開始の時から6か月間ではなく、消滅の申入れの日から6か月間とされているのは、配偶者が、相続開始後直ちに遺言等の存在を認識できるとは限らないからである。

　申入れの方法は口頭でもかまわないが、起算日をめぐる紛争を避けるため、内容証明郵便の通知等で申し入れることによって、申入日を明確にしておくことが望ましい。

## 6　配偶者による使用

　居住建物取得者は、第三者に対する居住建物の譲渡その他の方法により配偶

者の居住建物の使用を妨げてはならない（民1037条2項）。

　他方、配偶者短期居住権を有する配偶者は、従前の用法に従い、善良な管理者の注意をもって居住建物の使用をしなければならない（用法遵守義務、善管注意義務、民1038条1項）。

　また、配偶者は、配偶者居短期住権を譲渡することができない（民1041条・1032条2項）。さらに、居住建物の取得者の承諾を得なければ、第三者に居住建物の使用をさせることができない（民1038条2項）。もっとも、配偶者が家族を占有補助者として同居させることは、第三者の使用に当たらないので、居住建物の所有者の承諾は不要である。

　　▶税理士からのワンポイントアドバイス▶▶▶配偶者短期居住権は譲
　　渡することができず、また、配偶者は、他のすべての相続人の承諾
　　を得ない限り第三者に使用させることもできません。したがって、
　　税務上、譲渡所得が発生することはありません。

　配偶者が用法遵守義務や善管注意義務に違反し、また、居住建物の取得者の承諾なく、第三者に居住建物の使用をさせたときは、居住建物取得者は、当該配偶者に対する意思表示によって配偶者短期居住権を消滅させることができる（民1038条3項）。

## ７　居住建物の修繕等

　配偶者短期居住権を有する配偶者は、居住建物の使用に必要な修繕をすることができる（民1041条・1033条1項）。したがって、たとえば天井から雨漏りがしている場合には、配偶者は、居住建物取得者の承諾なく、その修繕をすることができる。

　他方で、居住建物の修繕が必要となったにもかかわらず、配偶者が相当の期間内にその修繕をしない場合には、居住建物取得者がその修繕をすることができる（民1041条・1033条2項）。

　また、居住建物が修繕を要するときは、配偶者が自らその修繕をするときを除き、配偶者は、居住建物取得者に対し、遅滞なくその旨を通知しなければならない。居住建物について権利を主張する者があるときも同様である（民1041条・1033条3項本文）。ただし、居住建物取得者がすでにそのことを知っているときは、通知は不要である（民1041条・1033条3項ただし書）。

## 8　居住建物に要する費用の負担

### (1)　通常の必要費

　配偶者短期居住権を有する配偶者は、居住建物の通常の必要費を負担する（民1041条・1034条1項）。

### (2)　特別の必要費及び有益費

　通常の必要費以外の費用については、買戻しにおける費用償還請求に関する民法583条2項が準用されている（民1041条・1034条2項）。したがって、通常の必要費ではない特別の必要費（例：台風で窓が破損した場合の修繕費）は、居住建物取得者が負担する（民583条2項・196条1項）。

　有益費（例：内装の模様替え）については、その価格の増加が現存する場合に限り、配偶者は、居住建物取得者に対して償還請求することができるが、その金額は、支出額または増加額のどちらかを居住建物取得者が選択することができる（民1041条・1034条2項・583条2項・196条2項本文）。

　また、有益費の償還請求に対しては、居住建物取得者の請求により、裁判所が償還について相当の期限を許与することができる（民1041条・1034条2項・583条2項ただし書）。

## 9　配偶者短期居住権の終了

### (1)　配偶者短期居住権の終了事由

① 　配偶者短期居住権は、所定の存続期間（民1037条1項）が満了すると消滅する。

② 　存続期間満了前であっても、配偶者が死亡したときは、配偶者短期居住権は消滅する（民1041条・597条3項）。

　　　▶税理士からのワンポイントアドバイス▶▶▶配偶者短期居住権は相続財産とは考えられないことから、相続税の評価の際には、評価をする相続財産には含まれません。したがって、配偶者短期居住権が消滅しても、居住建物取得者には、経済的利益の移転はないので、

課税関係は発生しません。

③　居住建物の全部が滅失その他の事由により使用をすることができなくなった場合も、配偶者短期居住権は終了する（民1041条・616条の2）。

④　前述のとおり、配偶者が用法遵守義務に違反した場合などにおいて、居住建物取得者は、配偶者短期居住権を消滅させることができる。

## (2)　居住建物の返還

配偶者短期居住権が消滅したときは、配偶者は、居住建物の返還をしなければならない（民1040条1項本文）。ただし、配偶者が居住建物について共有持分を有する場合は、居住建物取得者は、配偶者短期居住権が消滅したことを理由としては、居住建物の返還を求めることができない（民1040条1項ただし書）。

## (3)　居住建物の返還時の権利義務

①　配偶者短期居住権が消滅し、居住建物の返還をするときは、配偶者は、相続開始後に居住建物に附属させた物を収去する義務を負う（民1040条2項・599条1項本文）。ただし、居住建物から分離することができない物または分離するのに過分の費用を要する物については、この限りでない（民1040条2項・599条1項ただし書）。

②　配偶者は、配偶者短期居住権が消滅し、居住建物の返還をするときは、相続開始後に居住建物に生じた損傷（通常の使用によって生じた損耗並びに経年変化を除く）を原状に復する義務を負う（民1040条2項・621条本文）。ただし、その損傷が配偶者の責めに帰することができない事由によるものであるときは、この限りでない（民1040条2項・621条ただし書）。

③　配偶者の用法遵守義務及び善管注意義務違反によって生じた損害の賠償及び配偶者が支出した費用の償還は、居住建物の返還を受けた時から1年以内に請求しなければならない（民1041条・600条1項）。また、その損害賠償請求権は、居住建物取得者が当該建物の返還を受けた時から1年を経過するまでは、時効が完成しない（民1041条・600条2項）。

## 10 実務に及ぼす影響

### (1) 遺産分割協議等の進め方

　配偶者短期居住権は、遺産分割によって居住建物の帰属が確定した日に消滅するので、配偶者は、居住建物の帰属が確定する日を予想して、前もって引越しの準備をしておくのが無難である。それまでに引越しが間に合いそうもない場合には、遺産分割協議等の過程の中で、居住建物取得者との間で明渡し猶予の合意をしておく必要がある。

　また、遺産分割が予想外に早期に決着した場合でも、相続開始時から6か月を経過する日までは配偶者短期居住権は存続するので、配偶者は、その期間中に引越しの準備をすることができる。したがって、遺産分割が予想外に早期に決着しそうな場合において、急な引越しができないことだけを理由に、意図的に遺産分割の決着を遅らせるべく策を弄する必要はない。

　反対に、遺産分割の協議が長期に及んだ場合は、その間、配偶者短期居住権が存続するので、配偶者は、無償で居住建物を使用し続けることができる。しかし、配偶者が意図的に遺産分割協議を引き延ばしている場合には、配偶者短期居住権の利益を享受することが権利の濫用として否定されることもあり得る。

### (2) 諸費用の清算

　遺産分割協議等において、居住建物における必要費・有益費等の諸費用の清算問題が付随的な争点の一つになり得る。

# Ⅱ

# 遺 産 分 割

■施行日
令和元年7月1日

# 30　Ⅱ　遺産分割

第1章　預貯金の仮払い制度等の創設・
要件の明確化

## 1　預貯金の仮払い制度等の意義

### (1)　遺産分割前の預貯金債権の仮分割の仮処分

　遺産の分割の審判または調停の申立てがあった場合に、相続財産に属する債務の弁済、相続人の生活費の支弁その他の事情により遺産に属する預貯金債権を行使する必要があり、他の共同相続人の利益を害しないときには、家庭裁判所が遺産に属する特定の預貯金債権の全部または一部を相続人に仮に取得させる仮処分を行うことができるようになった（家事200条3項）。

　これを遺産分割前の預貯金債権の仮分割の仮処分という。

### (2)　家庭裁判所の判断を経ずに預貯金の払戻しを認める制度

　前述の遺産分割前の預貯金債権の仮分割の仮処分は、遺産分割の審判または調停の申立て及び家庭裁判所の判断を前提としている。

　そこで、より簡易迅速な預貯金の払戻しを実現するため、各共同相続人は、遺産に属する預貯金債権のうち、相続開始時の債権額の3分の1に当該共同相続人の相続分を乗じた額について、単独で権利行使ができることになった（民909条の2）。

　なお、この家庭裁判所の判断を経ずに払戻しが認められるのは、預貯金債権の債務者ごとに法務省令で定める額を限度とするが、この上限額は150万円と定められた[1]。

## ② 預貯金の仮払い制度等が新設された理由

### (1) 最高裁判所平成28年12月19日決定（民集70巻8号2121頁）

　従来、預貯金債権をはじめ可分債権は、相続の開始により当然に分割され、各相続人が相続分に応じて権利を承継するとされていた（最判昭和29年4月8日民集8巻4号819頁）。そのため、原則として、預貯金債権は遺産分割の対象にならず、ただ、相続人全員の合意がある場合に限り、遺産分割の対象となるという取扱いがされてきた。

　しかし、預貯金債権が、原則として、遺産分割の対象とならないということは、国民の一般的な感覚から乖離しているばかりではなく、また、預貯金債権が当然分割される結果、複数の相続人がいる場合に、預貯金以外の相続財産の評価額の差を埋めるために預貯金を活用することができないという不都合もあった。

　そのような中、最高裁判所大法廷は、平成28年12月19日、共同相続された普通預金債権、通常貯金債権及び定期貯金債権は、「相続開始と同時に当然に相続分に応じて分割されることなく、遺産分割の対象となるものと解するのが相当」と判断し、従前の判例を変更した（以下「平成28年決定」という）[2]。

　さらに、最高裁判所は、平成29年4月6日、定期預金債権及び定期積金債権についても、平成28年決定と同様に、相続開始と同時に当然に相続分に応じて分割されるものではないとの判断を示した（判時2337号34頁。以下「平成29年判決」という）。

### (2) 平成28年決定及び平成29年判決に基づく実務の不都合

　これらの平成28年決定及び平成29年判決に従うと、共同相続人は、遺産分割協議が整うまで、預貯金の払戻しができないことになる。

---

1)　「民法第909条の2に規定する法務省令で定める額を定める省令」（平成30年法務省令第29号）。

2)　なお、この平成28年決定は預貯金債権を対象とした判断であり、その他の可分債権（賃料債権、損害賠償請求権、不当利得返還請求権などの金銭債権）は、従前のとおり、相続の開始により当然に分割され、各相続人が相続分に応じて権利を承継する（最判昭和29年4月8日民集8巻4号819頁）。

32　Ⅱ　遺産分割

しかし、相続開始後には、被相続人の債務の弁済、葬儀費用や被相続人に扶養されていた者の生活費の支弁などを行う必要があるケースも多い。このような場合にも、遺産分割協議が整うまで預貯金の払戻しができないとすると、相続人としては支払い原資を用意することができず非常に困ったことになる。

### (3) 従前の遺産の分割の審判事件を本案とする保全処分

従前より、遺産の分割の審判または調停の申立てがあった場合において、事件の関係人の急迫の危険を防止するために必要があるとき、遺産の分割の審判を本案とする仮処分を命ずることができるという仮分割の仮処分が認められていた（家事200条2項）。平成28年決定の補足意見でも、この仮分割の仮処分の活用について指摘があった。

しかし、この仮分割の仮処分を活用するには、「事件の関係人の急迫の危険を防止するため」という要件が必要であり、実際に、この仮分割の仮処分を利用できる場面がきわめて限定されていた。

### (4) 遺産分割前の預貯金債権の仮分割の仮処分の要件の緩和

そこで、預貯金債権に関し、この仮分割の仮処分の要件を緩和する形で、遺産分割前の預貯金債権の仮分割の仮処分（家事200条3項）が認められた。

### (5) 家庭裁判所の判断を経ずに預貯金の払戻しを認める制度の新設

また、前述のとおり、遺産分割前の預貯金債権の仮分割の仮処分は、遺産分割の審判または調停の申立て及び家庭裁判所の判断を前提としている。しかし、遺産分割の審判または調停を申し立てるには、ある程度の時間を要することから、相続開始直後の相続人の資金の需要に応じることは困難となる。

そこで、簡易迅速な預貯金の払戻しを実現するため、家庭裁判所の判断を経ずに預貯金の払戻しを認める制度が認められた（民909条の2）。

ただし、この制度は、家庭裁判所の判断を経ずに簡易迅速に預貯金の払戻しを認めるものであり、その後に予定されている遺産分割協議に影響を与えないようにする必要がある。そこで、払戻しを求められる額の上限が定められ、その額は、相続開始時の債権額の3分の1に払戻しを求めている相続人の相続分を乗じた額とされる。なお、金融機関ごとの払戻しの上限は150万円と定めら

れた[3]。

## ❸ 預貯金の仮払い制度等の要件

### (1) 遺産分割前の預貯金債権の仮分割の仮処分

遺産分割前の預貯金債権の仮分割の仮処分は、①遺産分割の審判または調停の申立てがあった場合に、②相続財産に属する債務の弁済、相続人の生活費の支弁その他の事情により遺産に属する預貯金債権を当該審判または調停の申立てをした者または相手方が行使する必要があると認められ、③当該審判または調停の申立人または相手方の申立てにより、④他の共同相続人の利益を害しないときに認められる（家事200条3項）。

遺産に属する預貯金債権を行使する必要がある場合とは、預貯金債権の仮分割の仮処分の必要性を基礎付ける要件である。相続財産に属する債務の弁済、相続人の生活費の支弁は例示列挙とされており、これらの事情のほかにも、相続人が預貯金債権を行使する必要があると認められるケースは多種多様なものがあり得る。

他の共同相続人の利益を害するときは、預貯金債権の仮分割の仮処分は認められない。他の共同相続人の利益を害しないといえるためには、原則として、相続財産の総額に仮分割の仮処分を求める相続人の法定相続分を乗じた額の範囲内で仮分割を認めることになると考えられる。

### (2) 家庭裁判所の判断を経ずに預貯金の払戻しを認める制度

①共同相続人は、②遺産に属する預貯金債権がある場合に、③その預貯金債権のうち相続開始時の債権額の3分の1に当該共同相続人の相続分を乗じた額について、単独で権利行使をすることができる（民909条の2）。ただし、④払戻しができる金融機関ごとの上限金額は150万円と定められた[4]。

---

3) 同前掲1)。
4) 同前掲1)。

## 4 預貯金の仮払い制度等の効果

### (1) 遺産分割前の預貯金債権の仮分割の仮処分

　この制度に基づく預貯金債権の分割はあくまでも仮のものにすぎず、その後に遺産分割の審判または調停（本案）が予定されている。本案である遺産分割の審判または調停においては、申立人が仮分割により給付を受けたことを勘案せず、仮分割をされた預貯金債権を含め、改めてすべての預貯金債権を対象に遺産分割の審判または調停をすることになる[5]。

　たとえば、父Aが亡くなり、相続人として妻B、子Cと子Dがおり、各相続人は法定相続分（妻Bが2分の1、子Cと子Dが4分の1ずつ）を有し、相続財産として不動産（評価額2000万円）、預貯金が4000万円あった。相続人妻Bは預貯金債権の仮分割の仮処分として500万円の仮払いを受けた場合には、本案の遺産分割の審判または調停において、改めて仮分割された預貯金債権を含めて遺産分割の審判または調停がなされる（仮分割の仮処分が行われたことは考慮されない）。たとえば、相続人妻Bが不動産（評価額2000万円）及び預貯金1000万円（このうち500万円はすでに仮分割の仮処分により取得済み）、相続人子C及び子Dが預貯金1500万円ずつを取得する、という内容の審判または調停を行う。

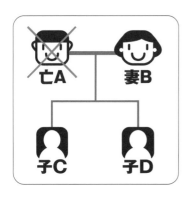

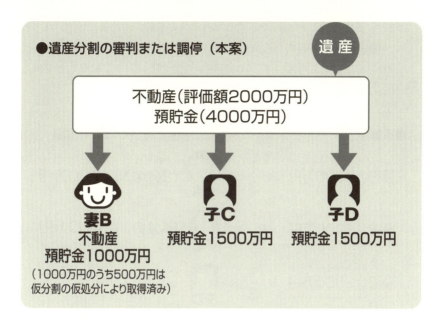

### (2) 家庭裁判所の判断を経ずに預貯金の払戻しを認める制度

① 各相続人は、預貯金債権のうち相続開始時の債権額の3分の1に当該共同相続人の相続分を乗じた額かつ金融機関ごとに150万円までの預貯金の払戻しを受けることができる。

たとえば、父Aが亡くなり、相続人として妻B、子Cと子Dがおり、各相続人は法定相続分（妻Bが2分の1、子Cと子Dが4分の1ずつ）を有し、相続財産として預貯金が3000万円あった。預貯金の内訳は、甲銀行に預貯金が1500万円、乙銀行に預貯金が1000万円、丙銀行に預貯金が500万円あるケースでは、相続開始時の預貯金債権の総額が3000万円であるため、その3分の1である1000万円に各相続人の相続分を乗じた金額の払戻しを受けることができる（相続人妻Bは相続分が2分の1のため500万円、相続人子Cと子Dは相続分が4分の1のため250万円まで）。ところで、各相続人とも、甲銀行、乙銀行または丙銀行から払戻しを受けることができる金額は150万円が上限となる。その結果、相続人妻Bは、たとえば、甲

---

5) 安達敏男ほか『相続実務が変わる！ 相続法改正ガイドブック』（日本加除出版、2018年）82頁。

銀行、乙銀行及び丙銀行から150万円ずつの合計450万円、相続人・子Cは甲銀行から150万円、乙銀行から100万円の合計250万円、子Dは乙銀行から150万円、丙銀行から100万円の合計250万円まで払戻しを受けられることになる。

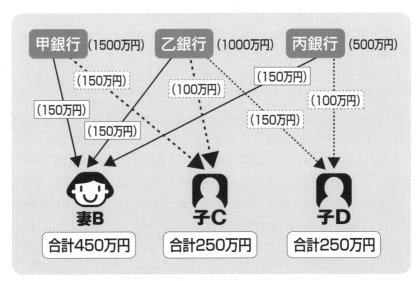

② 上記のように、金融機関から払戻しを受けた相続人は、当該払戻しを受けた預貯金に関し、遺産の一部分割により取得したものとみなされる（民

909条の2後段)。

　たとえば、前記の例において、相続人妻Bは預貯金3000万円の2分の1に当たる1500万円、相続人子C及び子Dは預貯金3000万円の4分の1に当たる750万円ずつを相続できる。相続人妻Bは、甲銀行、乙銀行及び丙銀行から150万円ずつの合計450万円を、相続人子Cは、甲銀行から150万円、乙銀行から100万円の合計250万円を、相続人子Dは乙銀行から150万円、丙銀行から100万円の合計250万円の払戻しを受けている。そこで、相続人妻Bについては450万円、相続人子C及び子Dについては

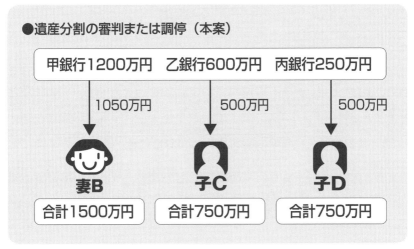

250万円ずつ、すでに一部分割を受けたとみなしたうえで、本案の遺産分割の審判または調停では、残余の預貯金（甲銀行1200万円、乙銀行600万円、丙銀行250万円）を相続人妻B、相続人子C及び子Dで分割することになる。

## 5 実務に及ぼす影響

### (1) 相続人の利便性の向上

従前の実務では、平成28年決定が出される前から、預貯金債権は相続開始と同時に当然に相続分に応じて分割されるとされていたにもかかわらず、預貯金の払戻しによる相続人間の紛争に巻き込まれることを懸念し、多くの金融機関は相続人全員の承認がなければ預貯金の払戻しに応じていなかった。平成28年決定が出されたことにより、金融機関は一部の相続人からの預貯金の払戻しには応じないという対応の法的な裏付けを得たことになる。

もっとも、平成28年決定後においても、金融機関では、葬儀費用のためなどの預貯金債権の払戻しの必要性が認められる場合には個別に判断し、一部の相続人からの預貯金債権の払戻しに応じていた。

今回の相続法の改正により、相続人が裁判手続を経ずに払い戻せる金額は、預貯金債権のうち相続開始時の債権額の3分の1に当該共同相続人の相続分を乗じた額（民909条の2）かつ各金融機関が払い戻せる預貯金額は上限150万円と定められたことにより[6]、金融機関は紛争に巻き込まれることを心配することなく一部の相続人からの預貯金の払戻しに応じることができるようになった。

その結果、相続人としても、葬儀費用など被相続人の死亡直後に必要となる資金の迅速な払戻しが受けられるようになり、相続人の利便性が向上することになった。

### (2) 共同相続人に準共有されている預貯金債権の差押えの可否

前提として、共同相続後、預貯金債権が共同相続人に帰属する際の法的性質が問題となる。この点、平成28年決定及び平成29年判決では明言されていな

---

6) 同前掲1）。

いが、共同相続人が預貯金債権を準共有していると理解されている[7]。

このように、共同相続人は預貯金債権に対し準共有持分を有すると解した場合、この預貯金債権の準共有持分も金銭の支払いを目的とする債権であるから、民事執行法143条により、差し押さえることができると解される[8]。

## (3) 共同相続人に準共有されている預貯金債権の取立ての可否

次に、共同相続人が準共有している預貯金債権の差押えが可能であったとしても、次に、差押債権者に取立権まで認められるかが問題となる。

第三債務者である金融機関は、遺産分割が未了であることを理由に支払いを拒絶することができるという立場、預貯金債権の個別的権利行使が制限されるのは共同相続人に限られ、第三者である差押債権者との関係では権利行使が制限を受けることはないという立場などがあり、差押債権者による預貯金債権の取立ての可否については見解が分かれている[9]。

民法909条の2が家庭裁判所の判断を経ずに相続人に預貯金の払戻しを認めたのは、遺産分割の成立まで預貯金債権を単独で権利行使ができない相続人の不都合を解消させるために特別に設けられた制度であることを強調すると、差押債権者による取立ての可否を消極的に解することになるが、論理的にはいずれの見解も成り立ち得るところであり、裁判所の判断が出されるまでは実務の対応を確定することはできない。

---

7) 岡部喜代子裁判官等の補足意見等、齋藤毅「最高裁大法廷時の判例」（ジュリスト1503号）80頁。
8) 阿多博文「預金と民事執行をめぐる諸問題」金融法務事情2071号）67・68頁。
9) 山川一陽＝松嶋隆弘編著『相続法改正のポイントと実務への影響』（日本加除出版、2018年）96頁。

40　Ⅱ　遺産分割

## 第2章　遺産の分割前に遺産に属する財産を処分した場合の遺産の範囲

### 1　新設された民法906条の2の意義

#### (1)　遺産分割の対象

　実際に、被相続人が亡くなり相続が開始した後、遺産分割が行われる前に、一部の共同相続人が遺産に属する財産を処分してしまうことがある。たとえば、一部の共同相続人が他の共同相続人に無断で被相続人名義の預貯金の払戻しを受けることなどである。

　ところで、遺産分割の対象となる財産は、原則として、①被相続人が相続開始時に有していた、②遺産分割時にも存在する、③未分割の積極財産とされている。

　そうすると、被相続人の相続開始後、遺産分割前に一部の共同相続人によって処分されてしまった財産は、遺産分割の対象とはならないことになる。

#### (2)　民法906条の2の規定内容

　そもそも、遺産分割前における共同相続人による遺産共有の法的性質は、民法上の共有と解されている（最判昭和30年5月31日民集9巻6号793頁）。そのため、共同相続人は、遺産分割前において、自らの共有持分を処分することはできるという結果になる。

　しかし、このような遺産分割前に遺産から逸失した財産に関しては、特別受益（民903条1項）や寄与分（民904条の2第1項）のように遺産とみなすという

明文の規定はなかった。家庭裁判所の実務では、遺産分割前に遺産から逸失した財産に関しても、共同相続人全員の同意があれば、遺産分割の対象とするという扱いがなされてきた。

この実務に沿った形で、新設された民法906条の2第1項は、「遺産の分割前に遺産に属する財産が処分された場合であっても、共同相続人は、その全員の同意により、当該処分された財産が遺産の分割時に遺産として存在するものとみなすことができる。」と規定した。つまり、共同相続人全員の同意があれば、遺産分割前に遺産から逸失した財産も遺産分割の対象とできることを明文化した。本条項は、遺産に属する財産の処分が共同相続人によって行われた場合でも、第三者によって行われた場合でも、いずれにも適用がある。

## (3) 民法906条の2の立法趣旨

さらに、民法906条の2第2項は、同条1項の規定にもかかわらず、「共同相続人の一人または数人により同項の財産が処分されたときは、当該共同相続人については、同項の同意を得ることを要しない」と規定した。

これは、前述のとおり、遺産分割前において遺産から財産が逸失したとしても、共同相続人全員の同意があれば、当該財産を遺産分割の対象とすることはできるが、遺産から財産を逸失させた共同相続人は、当該財産を遺産分割の対象とすることに同意することは期待できない。この共同相続人の同意がなければ、遺産から逸失した財産を遺産分割の対象にできないとすると、この共同相続人にだけ利益を与える結果になってしまう。

そこで、遺産分割における共同相続人間の公平を図るため、遺産から財産を逸失させた共同相続人の同意がなくとも、処分された財産が遺産の分割時に遺産として存在するものとみなして、遺産分割の対象とすることを認めたものである。

民法906条の2が新設された主な目的は、遺産から財産を逸失させた共同相続人の同意がなくとも、処分された財産を遺産分割の対象とすることができるとする、この第2項にあると考えられる。

## 2 要　件

### (1) 民法906条の2第1項

　民法906条の2第1項の要件は、①遺産分割前に処分された財産が相続開始時に被相続人に属していたこと、②当該財産が処分されたこと、③共同相続人全員が処分された財産を遺産分割時に遺産として存在するものとみなすこと、つまり、遺産分割の対象に含めることに同意していることである。

　この同意の対象は、前述のとおり、処分された財産を遺産分割時に遺産として存在するものとみなすこと（遺産分割の対象に含めること）である。第1項の場合、財産の処分が誰によって行われたかは問題にはならず、処分者を特定する必要はない。

### (2) 民法906条の2第2項

　民法906条の2第2項の要件は、①遺産分割前に処分された財産が相続開始時に被相続人に属していたこと、②共同相続人の一人または数人が当該財産を処分したこと、③当該財産を処分した共同相続人以外の共同相続人全員が処分された財産を遺産分割時に遺産として存在するものとみなすこと、つまり、遺産分割の対象に含めることに同意していることである。

　第2項が適用されるためには、共同相続人の一人または数人が財産を処分したことが必要である。共同相続人以外の第三者が財産を処分したときには、第2項の適用はない。

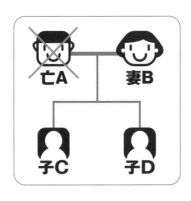

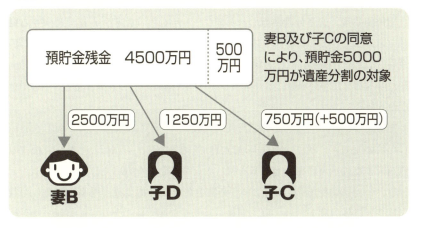

　また、第2項の場合、同意が必要な共同相続人には、当該財産を処分した共同相続人は含まれない。

### 3　同意の撤回の可否

　一度、共同相続人が処分された財産を遺産分割時に遺産として存在するものとみなすこと（遺産分割の対象に含めること）の同意を与えた後、その同意を撤回することができるかという問題がある。

　共同相続人全員の同意により、処分された財産を遺産分割時に遺産として存在するものとみなすという実体法上の効果が生じるため、共同相続人は、一度与えた同意を撤回することはできない。

なお、この同意は意思表示であるので、民法総則の意思表示の瑕疵・欠缺の規定の適用はある。

## 4 効 果

財産を処分した共同相続人以外の共同相続人全員の同意があると、当該処分された財産は遺産分割時に遺産として存在したものとみなされる。つまり、当該処分された財産も遺産分割の対象とすることができることになる。

## 5 実務に及ぼす影響

### (1) 従前の実務との比較

相続開始後、遺産分割が行われる前に、一部の共同相続人が遺産に属する財産を処分してしまった場合、従前の実務では、共同相続人全員の同意があれば、逸失した財産も遺産分割の対象として遺産分割を行えたが、共同相続人全員の同意が得られなかった場合には、逸失した財産を遺産分割の対象とすることはできなかった。

その場合には、財産を処分した共同相続人以外の共同相続人は、財産を処分した共同相続人に対し、別途、地方裁判所において、不法行為に基づく損害賠償請求または不当利得返還請求を行うなどするしかなかった。

しかし、民法906条の2第2項が新設されたことにより、財産を処分した共同相続人以外の共同相続人は、別途、訴訟を提起することなく、遺産分割手続において自己の利益を確保する手段が認められることになった。その結果、相続をめぐる紛争を早期に解決することが可能となったと評価できる。

### (2) 財産を処分した共同相続人以外の共同相続人全員より同意を得られなかった場合

もっとも、財産を処分した共同相続人以外の共同相続人全員より処分された財産を遺産分割の対象に含めることに同意が得られなかった場合には、当該財産を遺産分割の対象外として取り扱うほかなく、従前のとおり、不法行為に基づく損害賠償請求または不当利得返還請求などにより解決するしかない。

## 第3章 一部分割

### 1 遺産の一部分割の意義

　遺産の一部分割とは、被相続人の遺産のうち、その一部だけを残部から切り離し先行して遺産分割を行うことである。

　従前、民法には、遺産の一部分割に関して明文の規定はなかった（旧民907条）。しかし、そもそも共同相続人は遺産について処分権限を有しており、共同相続人が望めば、遺産の全部を分割の対象とすることも、その一部のみを分割の対象とすることもできると考えられてきた。遺産分割調停では、従前より、遺産の一部分割が行われてきており、また、遺産分割審判では、一定の要件のもとに遺産の一部分割が認められてきた。

　改正相続法では、共同相続人が遺産の一部分割を利用しやすくなるよう、共同相続人が遺産の一部分割を行うことができる旨の明文の規定を置くことになった（民907条）。

### 2 遺産の一部分割が明文化された理由

　相続人の遺産には、分割が容易で早期に分割可能な財産と分割が困難で分割の完了までに時間が必要な財産がある。前者の例としては、額に争いがない預貯金債権などがあり、後者の例としては、その存否や額の確定が困難な不法行為に基づく損害賠償請求権や評価方法に争いがある不動産などが挙げられる。後者の分割が困難な財産を含めたすべての遺産を遺産分割の対象としなければならないとなると、遺産分割の完了まで非常に時間がかかり、遺産分割事件の解決が著しく遅滞してしまうことになる。

そこで、共同相続人が遺産の一部でも早期に受け取ることができるように、改正相続法は、共同相続人が遺産の一部分割ができると規定した（民907条）。

## 3 遺産の一部分割の要件

### (1) 従前の遺産分割事件

従前、遺産分割調停では、申立人及び相手方が遺産の一部を他の遺産から切り離して一部分割をすることの合意があれば、遺産の一部分割が認められてきた。

遺産分割審判では、①遺産の一部を分割することに合理的理由があること（必要性の要件）、②遺産を一部分割することによって適正な遺産分割に支障がないこと（許容性の要件）の2つの要件を満たせば、遺産の一部分割が認められてきた。

### (2) 新民法907条

改正民法では、明文で共同相続人が遺産の一部分割を行うことができると規定されたことから、共同相続人が遺産の一部分割を求める際に、前述の「必要性の要件」は不要となった。

他方、改正民法は、907条2項ただし書を新設し、「ただし、遺産の一部を分割することにより他の共同相続人の利益を害するおそれがある場合における

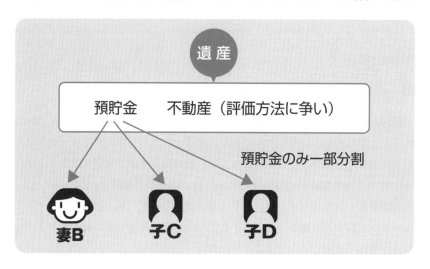

その一部の分割については、この限りでない。」と規定し、遺産の一部分割を行うことによって他の共同相続人の利益を害するおそれがある場合には、遺産の一部分割はできないことを明らかにした。これは、前述の「許容性の要件」をあらわしたものと解されている。

この「共同相続人の利益を害する」とは、共同相続人間の適正な遺産分割が実現できないことを意味し、具体的には、遺産の一部分割を行うことにより、ある共同相続人の特別受益を考慮すると、他の共同相続人が具体的な相続分を取得することができない場合や他の共同相続人の寄与分を害する場合などが考えられる。このように、共同相続人間の適正な遺産分割を実現できるという明確な見通しが立たない場合には、遺産の一部分割の申立ては却下される。

## ④ 遺産の一部分割が認められない場合の裁判所の対応

前述のとおり、共同相続人間の適正な遺産分割の実現ができるという明確な見通しが立たない場合には、裁判所は、共同相続人からの遺産の一部分割の申立てを不適法として却下することになる。

ただし、裁判所の対応としては、そのような申立てがあっても直ちに不適法として却下するのではなく、釈明権の行使により、申立人に対し適法な申立てになるように促すことになろう。

## ⑤ 家事事件手続法73条2項との関係

家事事件手続法73条2項は、「家庭裁判所は、家事審判事件の一部が裁判をするのに熟したときは、その一部について審判をすることができる。手続の併合を命じた数個の家事審判事件中その一が裁判をするのに熟したときも、同様とする。」と規定している。

この家事事件手続法73条2項と民法907条との関係は以下のとおりになる。つまり、遺産の全部について遺産分割の審判が申し立てられ、そのうちの一部について家庭裁判所が審判をする場合は、家事事件手続法73条2項の問題であり、遺産の一部について遺産分割の審判が申し立てられ、それに対し家庭裁判所が審判をする場合には、民法907条の問題となる。

## 6 実務に及ぼす影響

### (1) 共同相続人の利益の確保

民法に遺産の一部分割が明文化されたことにより、共同相続人間で分割が容易な遺産から分割することが可能となる。たとえば、預貯金債権から先に分割し相続人が当面の生活費等を確保しつつ、分割が困難な不動産については時間をかけて分割することなどができるようになる。特に、最高裁大法廷の「平成28年決定」（最決平成28年12月19日民集70巻8号2121頁）により、預貯金債権も遺産分割の対象となるとされたことにより、遺産分割が成立しなければ各共同相続人による預貯金債権の行使が認められなくなったため、共同相続人の利益を確保するために、この遺産の一部分割の制度の利用が期待される。

### (2) 価値の低い財産が放置される懸念

他方、遺産の一部分割が認められる結果、共同相続人間において価値のある遺産だけを分割し、その他の価値の低い遺産はそのまま放置されるのではないかという問題の発生が懸念される。その結果、耕作放棄地や空き家の発生に拍車がかかるのではないかという心配の声もある。

たしかに、共同相続人の利益を尊重することにより、その利益に繋がらない耕作放棄地や空き家の発生は抑制することはできない。しかし、この耕作放棄地や空き家の問題に関しては、遺産分割手続の中で解決を図ることは困難であり、別途立法的な対策を講じる必要があると考えられる[1]。

---

1) 空家等対策の推進に関する特別措置法（平成26年11月27日法律第127号）は存在するが、より抜本的な対策が可能な立法が期待される。

## 第4章 配偶者の持戻し免除

### 1 配偶者の持戻し免除の意思表示の推定の意義

　婚姻期間が20年以上の夫婦の一方である被相続人が、他の一方に対し、その居住の用に供する建物またはその敷地について遺贈または贈与をしたときは、特別受益の持戻し（民903条1項）を免除する意思を表示したものと推定される（同条4項）。

　配偶者に居住用不動産を贈与する場合には、具体的課税額に影響するので、贈与税の配偶者控除の特例（相税21条の6）を検討することが一般的である。これに対し、特別受益の持戻しの免除（民903条3項）の意思表示をする者は少ないように思われる。これは、そもそも特別受益の持戻し制度が広く知られていないことも原因の一つである。

　しかし、持戻しの免除の意思表示をしておかないと、贈与を受けた配偶者の相続分から当該財産の価額が控除されてしまう。これは、多くの場合、贈与をした者の意思に反すると思われる。そこで、実際には持戻し免除の意思表示がなされていなくても、一定の要件のもとで、この意思表示の存在を推定することにしたのである。

### 2 配偶者の持戻し免除の意思表示の推定規定が新設された経緯

　わが国は超高齢社会を迎え、老後の生活保障、特に、配偶者の一方が死亡したことによって残された生存配偶者の生活保障が課題となっている。そこで、改正民法では、生存配偶者の居住権保護の観点から、配偶者居住権及び配偶者短期居住権が新設された。

そして、これらのほかにも、配偶者の法定相続分を引き上げることが検討された。しかし、配偶者の法定相続分の引上げについては、パブリックコメント等において反対意見が多かったため、今回の法改正では実現に至らなかった。そこで、これに代わるものとして、配偶者の持戻し免除の意思表示の推定規定が追加された経緯がある。

## ❸ 配偶者の持戻し免除の意思表示の推定規定の要件

### (1) 婚姻期間が20年以上の夫婦であること

婚姻期間が20年以上の長期間に及ぶ夫婦であれば、通常、一方の配偶者の行った財産形成につき、他方の配偶者の貢献の度合いが高く、また、その夫婦間における贈与等は、生存配偶者の老後の生活保障を考慮していると考えられることから、この要件が設けられている。

相続税法においても、婚姻期間が20年以上の夫婦間における財産の贈与は、一定の要件を満たすと贈与税の配偶者控除を受けられる（相税21条の6）。配偶者の持戻し免除の意思表示の推定規定において、婚姻期間が20年以上の夫婦であることを要件としたのは、贈与税の配偶者控除の要件と平仄を合わせたものである。

▶**税理士からのワンポイントアドバイス**▶▶▶相続税法では、贈与税の配偶者控除が規定されています。これは、婚姻期間が20年以上の夫婦間で居住用不動産または居住用不動産を取得するための金銭の贈与が行われた場合には、基礎控除110万円のほかに最高2000万円までの控除ができるという特例です。この特例では、贈与をした配偶者の相続税の計算上、課税価格に加算する必要はないとされています。

改正民法上も、この相続税法の贈与税の特例と同様に、残された配偶者の生活を保護するという考え方が採用されることになりました。

婚姻期間が20年以上であることを要する時点は、遺贈または贈与をした時点である。遺贈または贈与時にはまだ婚姻期間が20年未満で、持戻し免除の意思表示をしていないケースでは、持戻し免除の意思表示の推定が働かない。

## (2) 居住用不動産であること

　老後の生活保障、特に、配偶者の一方が死亡したことによって残された生存配偶者の生活保障を図るためには、居住用不動産を維持することが格別の重要性を有することから、この要件が設けられた。

　具体的には、遺贈または贈与をした時点で、居住の用に供している必要がある。

　居宅兼店舗の建物の贈与等がなされた場合には、少なくとも居住用部分については民法903条4項が適用される。これに対して店舗部分については、同項は適用されない。しかし、当該不動産の構造や形態如何によっては、持戻しの免除の意思表示がなされたとの事実上の推定が働くと解される。

　ちなみに、贈与税の配偶者控除の特例も、居住用不動産または当該不動産の購入資金の贈与が対象となっている。

## ４　配偶者の持戻し免除の意思表示の推定規定の効果

　婚姻期間が20年以上の夫婦間において居住用不動産の贈与等がなされたときは、特別受益の持戻しの免除の意思表示が推定される（民903条4項）。ただし、あくまでも「推定」されるだけであるので、被相続人が異なる意思を表示している場合には、原則どおり持戻し（同条1項）が行われる。

　また、被相続人が異なる意思を表示していない場合であっても、民法903条4項は、みなし規定ではなく、推定規定にすぎないので、諸般の事情に鑑み、その推定が破られることもあり得る。

## ５　配偶者居住権の遺贈への準用

　配偶者は、遺贈によって配偶者居住権を取得する場合もある（民1028条1項2号）。この場合、これを特別受益（民903条1項）として扱うと、その分、配偶者の具体的相続分が減ってしまうので、自己の死後における配偶者の生活の安定を図ろうとした遺言者の意思に反してしまうおそれがある。

　そこで、改正民法は、配偶者の持戻し免除の意思表示の推定規定（民903条4項）を配偶者居住権の遺贈へ準用することにした（民1028条3項）。その結果、婚姻期間が20年以上の夫婦の一方である被相続人が、他の一方に対し、その

居住の用に供する建物の配偶者居住権について遺贈をしたときは、特別受益の持戻しを免除する意思を表示したものと推定される。

配偶者居住権の成立要件は、相続開始（死亡）時に当該建物に居住していることであるから（同条1項）、持戻し免除の意思表示の推定を受けるためには、遺言作成時及び相続開始時の両時点において居住の用に供していることが必要となる。

## 6 実務に及ぼす影響

婚姻期間が20年未満のケースでは、配偶者の持戻し免除の意思表示の推定規定（民903条4項）は適用されない。たとえ、あとわずかで20年に達するケース（例：19年10か月が経過していたケース）であっても、この規定の類推適用はなされない。もっとも、事案によっては、こうしたケースにおいては、証拠上、配偶者の持戻し免除の黙示の意思表示の存在を認定できる場合もあろう。

とはいえ、相談を受ける専門家としては、遺言者または贈与者の意思をよく確認したうえで、持戻し免除の意思表示を望んでいる場合には、推定規定によるのではなく、持戻し免除の意思を明示するように助言すべきである。

なお、一般に、遺贈に関する持戻し免除の意思表示は遺言によらなければならないと解されているので、注意が必要である。

# 遺 言

■施行日
　第1章　平成31年1月13日
　第2章　令和2年7月10日
　第3章〜第6章
　　　　　令和元年7月1日
　　　　　令和2年4月1日

54　Ⅲ　遺　言

## 第1章　自筆証書遺言における財産目録の方式の緩和

### 1　自書を要しない

　従前、自筆証書遺言は、その全文、日付及び氏名をすべて自書することが必要であった（旧民968条1項）。当然ながら、たとえ一部分であっても、パソコンでの作成や他人の代筆は許されておらず、これらの方法で作成された遺言は無効であった。このように自書を要求するのは、遺言者の最終意思の確実さを担保する趣旨であって、合理性がある。しかし、他方では、自書を要求することによって自筆証書遺言の長所である簡便性を損なう面もあった。特に不動産や預貯金等がたくさんある場合、財産目録もすべて自書を要求することは、作成者に大きな負担を与えていた。

　そこで、改正民法は、自筆証書に一体のものとして添付される財産目録については、自書を要しないことにした（民968条2項）。すなわち、従前どおり自書でも良いし、自分で書くのが大変であれば代筆を頼むこともできる。また、パソコンで作成して印刷した書面を添付することも許される。さらに、財産目録として、不動産の登記事項証明書や預貯金通帳の写しなどを自筆証書に添付することも可能である。

　ただ、自書を要しないことにすると、財産目録が遺言者の意思に基づいて作成されたものであることの担保（保証）がなくなるので、他人による偽造や変造のリスクがある。そこで、財産目録のすべての頁に遺言者が署名捺印することが必要とされている（民968条2項）。もし財産目録が紙の両面に記載されている場合（両面印刷等）には、両面ともに署名捺印しなければならないので、

第1章　自筆証書遺言における財産目録の方式の緩和　**55**

注意が必要である。

## ② 財産目録の添付

　自書を要しない財産目録は、自筆証書に「添付」されるものである（民968条2項）。すなわち、財産目録は、本文が記載された用紙とは別の用紙で作成されなければならない。換言すれば、本文が記載された用紙の一部に財産目録を印刷する方法は許されていない。

　また、「添付」の方法については、民法968条2項は「一体のもの」を要求するだけで、特に規定していない。したがって、遺言書の保管状況等に照らして、自筆証書と財産目録とが「一体の」文書であると認められれば足りる。自筆証書と財産目録とを編綴したり、契印をすることまでは求められていない。

## ③ 財産目録の訂正

　自筆証書遺言の記載を変更するには、遺言者がその場所を指示し、これを変更した旨を付記して、特にこれに署名し、かつ、その変更の場所に印を押さなければならない（民968条3項）。この訂正方法に関する規律は、旧民法のままである。

　したがって、自書によらない財産目録も、旧民法の規律に従った訂正方法が必要である。具体的には、以下の訂正方法などによることが考えられる。

### (1) 財産目録を全部差し替える場合

① パソコンで作成した旧財産目録の記載を訂正した新財産目録をパソコンで作成する。

② 新財産目録の毎葉（両面の場合は両面とも）に署名押印する（民968条2項）。

③ 遺言書本体等の適宜の場所に「財産目録〇頁を全部削除」等と付記して、ここに署名する。旧財産目録は除かない。

④ 旧財産目録の記載に斜線を引くなどして変更した場所を示して、この近くに押印する。

⑤ 新財産目録（旧財産目録と区別するために表題を「財産目録2」等の名称にすることが望ましい）を遺言書本体に添付し、新財産目録に押印する。

⑥　遺言書本体等の適宜の場所に「財産目録〇頁を追加」等と付記して、ここに署名する。

### (2)　財産目録中の記載の一部を訂正する場合

①　財産目録中の記載を訂正する。
②　財産目録中の余白に、「上記第1項中、2字削除、2字追加」等と自書したうえで、署名する。
③　訂正箇所に押印する。

## ４　実務に及ぼす影響

### (1)　パソコンで作成する場合の注意点

　財産目録をパソコンで作成したほうが、手書きよりも楽であり、かつ見映えも良いので、今後は、パソコンによる作成が増えることが予想される。

　ただ、パソコンによる作成は、手書きと違って、何度も作り直すことが簡単にできる。したがって、正式採用されなかった財産目録を棄てておかないと、死後、複数の財産目録が遺されている事態が起こりかねず、万が一、どの書面が正式採用された財産目録であるかが判別できないと、遺言書は無効になってしまう。

　したがって、実務では、自筆証書と財産目録とを編綴したり、契印したり、同一の封筒に入れて封緘するなどの安全確実な方法によって、遺言書全体の一体性を確保する工夫をすべきである。また、そもそも無効になるような事態を回避するために、遺言者は、正式採用しなかった財産目録を完全に廃棄しておくべきである。

### (2)　施行日前に作成された遺言

　施行日前に作成された遺言については、相続の開始が施行日以後であっても旧法が適用される（附則6条）。したがって、施行日前に自書によらない財産目録が添付された遺言が作成された場合、たとえ改正後の民法968条の規定に適合していても、それは無効である。

# 財 産 目 録

第一　土　　　地
　　　　所　　在　　東京都千代田区平河町一丁目
　　　　地　　番　　〇番〇号
　　　　地　　目　　宅地
　　　　地　　積　　~~80~~平方メートル
　　　　　　　　　　85　㊞

第二　建　　　物
　　　　所　　在　　東京都千代田区平河町一丁目〇番〇号
　　　　家屋番号　　〇番〇
　　　　種　　類　　居宅
　　　　構　　造　　木造瓦葺2階建て
　　　　床　面　積　　1階　70平方メートル
　　　　　　　　　　2階　70平方メートル


　　　　　　　　　　甲　野　　太　郎　㊞


　　　　　　　　上記第一中、2字削除、2字追加
　　　　　　　　　　甲　野　　太　郎

58　Ⅲ　遺　言

## 第2章　公的機関（法務局）における
## 自筆証書遺言の保管制度の創設

### **1**　自筆証書遺言の保管制度の意義

　自筆証書遺言は、費用をかけず、誰にも知られず作成することができるという利点がある反面、遺言書が紛失してしまうおそれや相続人による廃棄、隠匿、改ざんが行われるおそれがあると指摘されてきた。

　そこで、自筆証書遺言をめぐる紛争を予防するための制度として、自筆証書遺言を公的機関が保管する制度が創設されることになり、「法務局における遺言書の保管等に関する法律」（平成30年7月13日法律第73号。以下「法務局保管法」という）が制定された。

### **2**　自筆証書遺言の保管制度の概要

#### （1）　遺言書の保管申請

##### ア　管　轄

　遺言者は、遺言書保管官に対し、自筆証書遺言の保管の申請をすることができるが、その申請は、遺言者の住所地もしくは本籍地または遺言者が所有する不動産の所在地を管轄する遺言書保管所の遺言書保管官に対してしなければならない（法務局保管4条1項・3項）。

　この遺言書保管所とは、法務大臣が指定する法務局をいい（同2条1項）、遺言書保管官とは、遺言書保管所に勤務する法務事務官のうちから、法務局長または地方法務局の長が指定する者をいう（同3条）。

### イ　必要書類

遺言者が自筆証書遺言の保管申請を行うには、以下の書類が必要である。

① 遺言書（法務省令で定める様式に従って作成した無封のもの）（同4条2項）

② 申請書（同条4項）

③ 遺言者の氏名、出生の年月日、住所及び本籍を証明する書類その他法務省令で定める書類（同条5項）

### ウ　遺言者本人の出頭

自筆証書遺言の保管申請を行うには、遺言者が自ら遺言書保管所に出頭し（同条6項）、遺言書保管官による本人確認手続を受けなければならない（同5条）。

### エ　遺言書保管官による審査

遺言書保管官は、保管申請があった自筆証書遺言について、民法968条が規定する①全文、日付及び氏名の自書、②押印の有無、③加除訂正の方式を外形的に審査する。遺言書保管官は、自筆証書遺言の有効性まで審査しないことには注意が必要である。

## (2)　遺言書の保管

保管申請がされた自筆証書遺言は、遺言書保管官が遺言書保管所において保管する（法務局保管6条1項）。

遺言書保管官は、保管されている自筆証書遺言について、①遺言書の画像、②遺言書に記載された作成年月日等、③遺言書の保管を開始した年月日、④遺言書が保管されている遺言書保管所の名称及び保管番号の情報を電子データである遺言書保管ファイルに記録する（同7条）。

## (3)　検認手続の不要

遺言書保管所に保管されている自筆証書遺言については、家庭裁判所による検認手続（民1004条1項）は不要とされている（法務局保管11条）。

これは、新設される遺言書保管制度では、前述のように、自筆証書遺言を保管する際に、遺言書保管官による外形的審査が行われるため、従来の家庭裁判所による検認手続は必要がないとされたものである。

## (4) 遺言書の閲覧

遺言者は、自筆証書遺言が保管されている遺言書保管所の遺言書保管官に対し、いつでも当該遺言書の閲覧を請求することができる（法務局保管6条2項）。遺言書の閲覧請求をするときは、遺言者自らが特定遺言書保管所に出頭しなければならない（同条4項）。

## (5) 遺言書の保管申請の撤回

遺言者は、自筆証書遺言の保管申請を行った遺言書保管所の遺言書保管官に対し、いつでも、遺言書の保管申請を撤回することができる（法務局保管8条1項）。遺言書の保管申請を撤回するときは、遺言者自らが特定遺言書保管所に出頭しなければならない（同条3項）。

## (6) 遺言書情報証明書の交付請求

遺言者が死亡している場合、つまり相続開始後であれば、相続人、受遺者及び遺言執行者等（以下「関係相続人等」という）は、遺言書保管官に対し、遺言書保管ファイルに記録されている事項を証明した書面である「遺言書情報証明書」の交付を請求することができる（法務局保管9条1項）。

この交付請求は、自己が関係相続人等に該当する遺言書を現に保管する遺言書保管所以外の遺言書保管所の遺言書保管官に対しても行うことができる（同条2項）。

## (7) 遺言書保管事実証明書

何人も、遺言書保管官に対し、自己が関係相続人等に該当する遺言書が保管されているか、当該遺言書が保管されている場合には、遺言書保管ファイルに記録されている①遺言書に記載されている作成年月日、②遺言書が保管されている遺言書保管所の名称と保管番号を証明した「遺言書保管事実証明書」の交付を請求することができる（法務局保管10条）。

## (8) 手数料

自筆証書遺言の保管申請、保管申請した遺言書の閲覧請求、遺言書情報証明

書または遺言書保管事実証明書の交付請求をするには、手数料を納める必要が
ある（法務局保管12条）。

## 3 実務に及ぼす影響

### (1) 自筆証書遺言の利用拡大

　法務局保管法に基づく遺言書保管制度では、家庭裁判所による検認手続（民
1004条1項）が不要になったことから（法務局保管11条）、自筆証書遺言の方式
の要件緩和（民968条2項・3項）と相俟って、自筆証書遺言の使い勝手は向上
した。そのため、今後は、自筆証書遺言の利用が促進され、現在、毎年10万
件を超える公正証書遺言が作成されているが、このうち一定数は自筆証書遺言
に切り替わるものと考えられる。

### (2) 紛争の発生の可能性

　もっとも、遺言書保管官による自筆証書遺言の審査は、外形的な審査に限ら
れるため、この遺言書保管制度は保管される自筆証書遺言の有効性を担保する
ものではない。遺言書保管制度を利用することにより、自筆証書遺言の紛失、
偽造の問題は防ぐことができるが、他方、自筆証書遺言の有効性が争われるこ
とはあり得る。紛争を予防するという観点から、従前のとおり、自筆証書遺言
を作成する際には専門官が関与することが望ましいと考えられる。

62　Ⅲ　遺　言

第3章 遺言執行者の行為の効果

## 1　遺言執行者の行為の効果に関する改正

　旧民法1015条は、「遺言執行者は、相続人の代理人とみなす。」と規定していたが、遺言執行者は遺言者の意思（遺言内容）を実現することを任務とするのであって、ときには相続人の意思と対立する場合もあり得る。このような場合でも、遺言執行者が相続人の「代理人」として行動するのは背理である。したがって、遺言執行者を「相続人の代理人」とみなす旧民法1015条の合理性には、従前から疑問が呈されていた。

　この点、最判昭和30年5月10日（民集9巻6号657頁）も、「遺言執行者の任務は、遺言者の真実の意思を実現するにあるから、民法1015条が、遺言執行者は相続人の代理人とみなす旨規定しているからといって、必ずしも相続人の利益のためにのみ行為すべき責務を負うものとは解されない。」と判示していた。こうした考え方を踏まえて、旧民法1015条は、遺言執行者の行為の効果が相続人に帰属することを意味するにすぎないと解釈されていた。

　そこで、改正民法は、「相続人の代理人」との表現を改め、旧法下での解釈に沿って、遺言執行者の行為は相続人に対して直接その効力が生ずることを明確にした（民1015条）。

　また、民法1012条1項は、遺言執行者の権利義務の規定中に「遺言の内容を実現するため」との文言を追加した。これは、遺言執行者の任務が遺言者の意思（遺言内容）の実現にあることを明確にしたものである。

　さらに、上記のとおり「相続人の代理人」の文言がなくなったことによって、遺言者の意思（遺言内容）と相続人の意思とが対立する場合でも、遺言執

行者が当該相続人の利益のために行動する必要がないことがより一層はっきりした。

## ❷ 遺言執行者の行為の効果が相続人に生ずる要件

民法1015条は、遺言執行者の行為は相続人に対して直接その効力が生ずると規定するが、他方で、民法99条1項は、代理人がその権限内において本人のためにすることを示した意思表示は、本人に対して直接にその効力を生ずると規定するので、遺言執行者の行為の効果が相続人に生ずる要件についても、民法99条1項と平仄を合わせる必要がある。

そこで、民法1015条は、遺言執行者の行為の効果が相続人に生ずる要件として、次の2つの要件を明記した。

① 「権限内」の行為であること

② 「遺言執行者であることを示してした」行為であること

このうち②は、「本人のためにすることを示してした」と規定する民法99条1項と異なるが、遺言執行者は、遺言執行をする際に、法律効果の帰属主体である相続人全員を明示することまでは必要でないものの、遺言執行者である自らの資格を示して行為をしなければならないとされているので、これを明確にしたものである。

64　Ⅲ　遺　言

## 第4章　遺言執行者の通知義務

### 1　遺言の内容の通知

　民法1007条2項は、「遺言執行者は、その任務を開始したときは、遅滞なく、遺言の内容を相続人に通知しなければならない。」と規定する。

　旧民法1007条（改正民法1007条1項と同じ）は、「遺言執行者が就職を承諾したときは、直ちにその任務を行わなければならない。」と規定するだけで、遺言執行者の就職時における相続人への通知義務は何も規定されていなかった。しかし、相続人とすれば、遺言の内容について重大な利害関係がある。そこで、改正民法では、遺言執行者による遺言内容の通知義務が定められた。

### 2　遺言執行者に就職したことの通知

　遺言執行者に就職したこと自体を相続人に知らせる旨の通知義務は、旧民法同様、改正民法においても、条文上は明記されていない。

　しかし、遺言執行者は、遺言の内容を実現するため、相続財産の管理その他遺言の執行に必要な一切の行為をする権利義務を有し（民1012条1項）、遺言執行者がある場合には、遺贈の履行は遺言執行者のみが行うことができ（同条2項）、他方で、相続人は、遺言執行者がある場合には、相続財産の処分その他遺言の執行を妨げるべき行為をすることができず（民1013条1項）、これに違反してなされた相続人の行為は無効とされるのであるから（同条2項）、遺言執行者の有無は、相続人にとって大きな利害関係を有する。

　そこで、遺言執行者は、相続人が不測の損害や不利益を被ることがないよう、遺言執行者の善管注意義務（民1012条3項・644条）の一内容として、相続人

に対し、遅滞なく遺言執行者に就任したことを通知しなければならないとされている（東京地判平成19年12月3日判タ1261号249頁）。

遺言内容の通知義務（民1007条2項）は、遺言執行者に就職していることを当然の前提としており、遺言執行者に就職したことの通知も相続人にしなければならないのである。

### ③　相続人に対する通知

遺言内容の通知（民1007条2項）は、相続人に対する義務であって、受遺者は対象外である。これは、相続人は、遺言執行者がいない場合には遺言の内容に従って自ら遺贈を履行する義務があるなど、遺言及び遺言執行者について重大な利害関係があるのに対し、受遺者はそのような立場にないからである。

66　Ⅲ　遺　言

## 第5章　遺言執行者の権限

### ■1　遺言執行者の権限の明確化

　遺言執行者は、遺言の内容を実現するため、相続財産の管理その他遺言の執行に必要な一切の行為をする権利義務を有する（民1012条1項）。しかし、具体的に遺言執行者がどこまでの権限を有するかについては、はっきりしないことも多く、そのため、実務上、遺言執行者の権限の内容をめぐってしばしば争いが生じてきた。

　そこで、改正民法は、遺言執行者の権限を明確にして、そうした争いを回避することを目的に、遺贈の場合と特定財産承継遺言の場合について、それぞれ規律を設けた。

### ■2　遺贈の場合

　遺言執行者がある場合には、遺贈の履行は、遺言執行者のみが行うことができる（民1012条2項）。したがって、受遺者は、遺言執行者がいる場合には遺言執行者を相手方として、遺言執行者がいない場合には相続人を相手方として、遺贈の履行請求をすべきことになる。

　従前、判例は、特定遺贈がなされた場合において、一次的には相続人が遺贈義務者であるが、遺言執行者がある場合には、遺言執行者のみが遺贈義務者になるとしていた（最判昭和43年5月31日民集22巻5号1137頁）。改正民法は、これを明文化したものである。ただし、民法1012条2項の「遺贈」には、特定遺贈だけでなく、包括遺贈も含まれる。

## 第5章　遺言執行者の権限　　**67**

### **3**　特定財産承継遺言における対抗要件の具備行為

　改正民法は、遺産分割方法の指定として遺産に属する特定の財産を共同相続人の1人または数人に承継させる旨の遺言を「特定財産承継遺言」と称している（民1014条2項）。この特定財産承継遺言は、実務上定着している、いわゆる「相続させる」旨の遺言である。この法的性質は、特段の事情のない限り、遺産分割方法を指定する性質のものであって、被相続人の死亡時に相続財産が相続人に承継される（最判平成3年4月19日民集45巻4号477頁）。

　改正民法は、特定財産承継遺言があったときは、遺言執行者は、当該共同相続人が登記、登録その他の対抗要件（民899条の2第1項）を備えるために必要な行為をすることができる旨を規定する（民1014条2項）。

　相続による権利の承継において、法定相続分を超える部分については、登記、登録その他の対抗要件を備えなければ第三者に対抗することができないので（民899条の2第1項）、これに対応して、遺言執行者の権限を明確にしたものである。

　ところで、動産や債権については、受益相続人が単独では対抗要件を取得することができないので、遺言執行者が対抗要件の具備行為を行う必要がある。これに対して、不動産については、受益相続人が単独で登記の申請をすることができるので（不登63条2項）、当該不動産が被相続人名義である場合には、実際上、遺言執行者の職務は顕在化しない[1]。

　しかし、近時、相続時に不動産の登記がなされないことが原因で、所有者不明の不動産が多数存在していることが社会問題となっている実情などに鑑み、不動産の登記申請権限も遺言執行者の権限に含まれることが明記された。

### **4**　特定財産承継遺言における預貯金債権

　特定財産承継遺言がなされた場合において、当該財産が預貯金債権であるときは、遺言執行者は、対抗要件の具備行為のほか、その預金または貯金の払戻

---

1）　最判平成11年12月16日（民集53巻9号1989頁）は、不動産取引における登記の重要性に鑑み、受益相続人に登記を取得させることは遺言執行者の職務権限に属するとしたうえで、相続させる旨の遺言については、登記実務上、受益相続人が単独で登記を申請することができるので、当該不動産が被相続人名義である限りは、遺言執行者の職務は顕在化せず、遺言執行者は登記手続をすべき権利も義務も有しない旨を判示していた。

しの請求及びその預金または貯金に係る契約の解約の申入れをすることができる（民1014条3項本文）。これは、遺言執行者が相続人である場合も、相続人以外の第三者である場合も同じである。

本来であれば、預貯金債権を承継取得した相続人が、対抗要件を具備して預貯金債権を自ら行使してもかまわないのであるが、それよりも、遺言執行者が預貯金契約を解約して払戻しを受け、この払戻金を相続人に引き渡したほうが簡便である。そして、現在の実務では、このように遺言執行者が預貯金契約の解約及び払戻しを求めてきた場合には、ほとんどの金融機関はこれに応じている。そこで、改正民法は、遺言執行者のこうした権限を明確にしたのである。

ただし、預貯金契約の解約の申入れができるのは、預貯金債権の全部が特定財産承継遺言の目的である場合に限られている（同項ただし書）。預貯金債権の一部のみについて遺産分割方法の指定がなされた場合にも、その全部を解約することができるというのでは、遺言執行に必要な権限を超えた処分となるからである。したがって、たとえば3000万円の預貯金のうち1000万円をAに「相続させる」旨の遺言の場合、遺言執行者は、1000万円の払戻しを請求することはできるが、預貯金契約全体の解約を申し入れることはできない。

また、特定財産承継遺言ではなく、預貯金債権が遺贈の目的である場合は対象外である。

## ⑤ 預貯金債権以外の金融商品

改正民法は、「預貯金債権」についてだけ特別の規定を設け、それ以外の金融商品（投資信託等）については規律しなかった。そのため、前述の民法1014条3項の反対解釈として、預貯金債権以外の権利については遺言執行者の権限はまったくないと解釈されてしまう懸念もある。

たしかに、預貯金債権以外の金融商品には様々なものがあり、解約権の行使によって相続人に重大な不利益を及ぼすことも起こり得るから、遺言者がその判断を遺言執行者に委ねることについては慎重な決断を要するであろう。

しかし、改正民法の審議過程では、預貯金債権以外の権利については、遺言執行者の権限につき法律上の推定が及ばないだけであって、遺言執行者に権限があるかどうかは、あくまでも遺言者の意思解釈の問題であるとされた。すなわち、改正民法は、この問題については中立的であるとの整理がなされている。

## 6 実務に及ぼす影響

　不動産を目的とする特定財産承継遺言がなされた場合、受益相続人のみならず、遺言執行者も、単独で相続による権利の移転の登記を申請できることが明確になったが、受益相続人と遺言執行者のどちらが登記申請をするかについては決まりがない。受益相続人が登記を申請しても、遺言執行を妨げる行為（民1013条1項）には当たらない。

70　Ⅲ　遺　言

## 第6章　遺言執行者の復任権

### 1　遺言執行者の復任権

　旧民法1016条1項は、遺言者がその遺言に反対の意思を表示したときを除き、遺言執行者は、やむを得ない事由がなければ、第三者にその任務を行わせることができないと規定していた。

　しかし、第三者にその任務を行わせる要件として「やむを得ない事由」を要求すると、復任権を行使することが容易ではなくなる。たとえば、遺言執行者として指定された者は、必ずしも遺言執行に必要な知識・経験を有しているとは限らないので、こうした知識・経験を有する者に任務を行わせることができれば、より適切な遺言執行が可能になるが、旧民法では、「やむを得ない事由」がなければ、それも実現できなかった。

　そこで、改正法は、遺言執行者は、自己の責任で第三者にその任務を行わせることができるものとされた（民1016条1項本文）。すなわち、「やむを得ない事由」が不要になったのである。ただし、遺言者がその遺言に別段の意思を表示したときは、その意思に従うものとされた（同項ただし書）。

### 2　復任権を行使した遺言執行者の責任

　上記のとおり、遺言執行者は、「自己の責任で」第三者にその任務を行わせるのであるから（民1016条1項本文）、第三者による任務遂行において問題が生じれば、遺言執行者自身も責任が問われることになる。

　しかし、第三者に任務を行わせることについてやむを得ない事由があるときまで、遺言執行者にそのような重い責任を負わせるのは過酷であるので、この

場合には、遺言執行者の責任を軽減して、第三者の選任及び監督についてのみ相続人に対する責任を負うこととされた（同条2項）。これは、法定代理人が復代理人を選任した場合の規律（民105条）と同じである。

# IV

# 遺 留 分

■施行日
令和元年7月1日

# 第1章 遺留分の算定方法

## 1 遺留分を算定するための財産に含めるべき生前贈与

### (1) 遺留分を算定するための財産に含めるべき生前贈与の範囲

遺留分を算定するための財産の価額は、被相続人が相続開始時において有した財産の価額に、生前贈与した財産の価額を加えた額から債務の全額を控除した額である（民1043条1項）。

遺留分を算定するための財産の価額 ＝
被相続人が相続開始時において有した財産の価額 ＋ 生前贈与した財産の価額
－ 債務の全額

対象となる生前贈与については、改正民法では以下の規律によるものとされた。
① 相続人に対する生前贈与　相続開始前の10年間にしたもので、かつ、婚姻もしくは養子縁組のためまたは生計の資本として受けたものに限り算入する（民1044条3項）。
② ①以外の生前贈与　相続開始前の1年間にしたものに限り算入する（同条1項本文）。
③ 贈与の当事者双方が遺留分権利者に損害を加えることを知って生前贈与をしたとき　1年前（相続人に対する生前贈与は10年前）の日より前にしたものについても算入する（同条1項後段・3項）。

### (2) 相続人に対する生前贈与における期間制限

旧民法1030条は、遺留分の算定の基礎となる財産のうち、贈与については、基本的に相続開始前の1年間の生前贈与に限定していたが、他方で、判例は、相続人に対する生前贈与については1年以内のものに限られず、原則として、特別受益と同様に期間制限はないとの解釈を示していた（最判平成10年3月24日民集52巻2号433頁）。

しかし、期間制限がないと、相続人以外の受贈者の地位が不安定になってしまう。

#### 事例 1

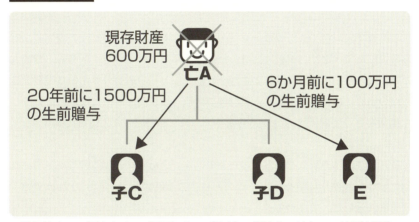

被相続人A、相続人はC（長男）とD（長女）。相続人ではないEが相続開始の6か月前にAから100万円の生前贈与を受け、Cが相続開始の20年前にAから生計の資本として1500万円の生前贈与を受けた。相続開始時に遺されていた相続財産は600万円であった事例。

この事例において、第三者であるEとしては、約20年も前のCへの生前贈与など知る由もなかったが、それでも、遺留分算定の基礎財産は2200万円（600万円＋100万円＋1500万円）、Dの遺留分（4分の1）の価額は550万円、そして、Dの遺留分が侵害された場合には、旧民法1035条によると、贈与の減殺は後の贈与から順次前の贈与に対してなされるので、Eへの生前贈与が全額減殺請求の対象となってしまう。

76   Ⅳ 遺留分

そこで、改正民法は、上記判例の解釈を改め、相続人に対する生前贈与について10年間という期間制限を設けたものである。

### (3) 相続開始前の1年間になされた相続人に対する生前贈与

遺留分を算定するための財産に含めるべき相続人に対する生前贈与は、特別受益（民903条1項）の対象となるもの、すなわち婚姻もしくは養子縁組のためまたは生計の資本として受けたものだけが対象となる（民1044条3項）。

このことは、相続開始前の1年間になされた相続人に対する生前贈与であっても同じである。したがって、相続開始前の1年間になされた生前贈与は、相続人に対するものと相続人以外の者に対するものとで、扱いが異なることになる。

### (4) 遺留分を算定するための財産に含めるべき生前贈与の目的の価額

これまでの実務では、遺留分算定の基礎となる生前贈与の財産の価額は、贈与時の価額ではなく、相続開始時の価額が基準にされてきた。判例も、相続人が被相続人から生前贈与された金銭を特別受益として遺留分算定の基礎となる財産の価額に加える場合には、贈与時の金額を相続開始時の貨幣価値に換算した価額をもって評価すべきであるとする（最判昭和51年3月18日民集30巻2号111頁）。

改正民法は、遺留分を算定するための財産に含めるべき生前贈与の目的の価額について民法904条を準用することにより（民1044条2項）、これまでの実務を立法化した。すなわち、民法904条は、受贈者の行為によって、生前贈与された財産が滅失等しても、相続開始時においてなお原状のままであるものとみなして、その価額を定めると規定するところ、これは、生前贈与された財産の価額を評価する基準時を相続開始時とすることを前提にしている。

また、受贈者は、贈与の目的の価額を限度として遺留分侵害額を負担するところ（民1047条1項）、この贈与の目的の価額についても民法904条が準用されているので（民1047条2項）、やはり生前贈与された財産の価額を評価する基準時は相続開始時とされている。

## ❷ 受遺者等が相続人である場合

旧法下では、相続人が遺贈または贈与によって取得した財産の価額がその者

の遺留分に満たない場合でも、なお他の遺留分権利者から遺留分の減殺請求を受けるのか否かについて議論があった。

この点について判例は、相続人に対する遺贈が遺留分減殺の対象となる場合においては、遺贈の目的の価額のうち受遺者の遺留分額を超える部分のみが旧民法1034条にいう目的の価額に当たるとしていた（最判平成10年2月26日民集52巻1号274頁）。すなわち、旧民法1034条は、遺贈はその目的の価額の割合に応じて減殺する旨を定めていたところ、ここでいう「目的の価額」とは、遺産の価額全額ではなく、遺留分額を超える部分のみを意味すると解されていた。もし遺贈の価額全額が減殺の対象となるとすると、減殺を受けた受遺者の遺留分が侵害されることが起こり得るからである。そして、この判例は、こうした考え方は、特定の遺産を特定の相続人に相続させる趣旨の遺言による当該遺産の相続が遺留分減殺の対象となる場合においても同様で当てはまる旨を判示していた。

改正民法は、この判例の考え方を立法化した。すなわち、受遺者または受贈者は、遺贈（特定財産承継遺言による財産の承継または相続分の指定による遺産の取得を含む）または贈与（遺留分を算定するための財産の価額に算入されるものに限る）の目的の価額を限度として、遺留分侵害額を負担するのであるが、受遺者等が相続人である場合においては、当該価額から遺留分として当該相続人が受けるべき額を控除した額を限度とすることが規定された（民1047条1項）。

## 3 遺留分を算定するための財産に含めるべき負担付贈与

生前になされた負担付贈与については、目的物の価額から負担の価額を控除した額だけが遺留分を算定するための財産（民1043条1項）に算入される（民1045条1項）。

これまでは、遺留分算定の基礎財産における負担付贈与の扱いについて規定がなかったため、学説上、遺留分を算定するための財産の価額の計算において、一部算入説（贈与額から負担額を差し引いた残額のみを加算する）と全部算入説（贈与額を全額算入するが、減殺の対象を負担を控除した後の残額に限定する）の争いがあった。改正民法は、一部算入説を採用することを明確にした。

## 事 例 2

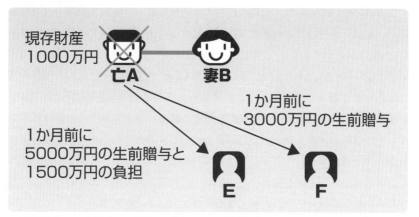

被相続人A、相続人B（妻）。A死亡時の現存財産が1000万円で、Aが死亡1か月前にEに5000万円、Fに3000万円をそれぞれ贈与したが、Eには1500万円の負担を負わせた事例。

・遺留分を算定するための財産は、A死亡時の現存財産1000万円に、EとFに対する生前贈与の価額を加算したものであるが、Eについては、負担の価額を控除した額となる。

　　1000万円 ＋（5000万円 － 1500万円）＋ 3000万円 ＝ 7500万円

・Bの遺留分の価額は、遺留分を算定するための財産の価額の2分の1である（民1042条1項2号）。

　　7500万円 ÷ 2 ＝ 3750万円

・Bは3750万円の遺留分を有するが、現存財産の1000万円しか取得していないので、その差額が遺留分侵害額となる。

　　3750万円 － 1000万円 ＝ 2750万円

・Fに対する遺留分侵害額請求は生前贈与の3000万円全額が対象となるが、Eに対する遺留分侵害額請求については、生前贈与の価額から負担の価額を控除したものがその対象となる。

　　5000万円 － 1500万円 ＝ 3500万円

・Bの遺留分侵害請求に対し、EとFは、それぞれ遺留分侵害額請求の対象財産の価額の割合に応じて負担する（民1047条1項2号）。

＜Eに対する請求額＞

　2750万円 × 3500万円 ÷（3500万円 + 3000万円）= 1480万7692円

＜Fに対する請求額＞

　2750万円 × 3000万円 ÷（3500万円 + 3000万円）= 1269万2307円

## **4**　不相当な対価による有償行為と遺留分の関係

　被相続人によって生前贈与などの無償行為が行われると、その分、相続財産が減少し、相続人の遺留分が侵害される可能性があるが、たとえ売買等の有償行為であっても、その対価が不当に安い場合には、同様の事態が起こり得る。そこで、旧民法は、不相当な対価による有償行為は、当事者双方が遺留分権利者に損害を加えることを知ってしたものに限り、贈与とみなすと規定していた（旧民1039条前段）。

　そして、贈与とみなされる有償行為がなされた場合、遺留分算定の基礎財産には、当該目的物の価額の全額ではなく、対価を控除した残額部分が算入されると解されていた。なぜなら、この部分が実質的には贈与であるからである。

　他方で、旧民法下では、そのような有償行為が遺留分を侵害し、遺留分減殺の対象となる場合には、負担付贈与（旧民1038条参照）と異なり、全額が遺留分減殺の対象となるが、その代わりに、遺留分権利者は、対価を償還しなければならないとされていた（旧民1039条後段）。

　しかし、改正民法は、遺留分の権利を行使しても、そもそも物権的効果が発生ぜずに、金銭債権が生じる制度に改めたため、旧民法下における取扱い、すなわち、遺留分減殺請求によって物権的効果を生じさせたうえで対価を金銭で清算させることには合理性がなくなった。

　そこで、改正民法は、不相当な対価による有償行為は、当事者双方が遺留分権利者に損害を与えることを知ってしたものに限り、当該対価を負担の価額とする負担付贈与とみなすことにした（民1045条2項）。

## **5**　遺留分侵害額の算定

### (1)　遺留分侵害額の算定式

　遺留分侵害額の算定は、以下の計算で行われる（民1046条2項）。

遺留分侵害額 ＝
遺留分額 － 遺留分権利者が受けた遺贈額 － 遺留分権利者の特別受益額 －
相続による取得額 ＋ 負担すべき相続債務額（遺留分権利者承継債務）

## (2) 遺留分権利者の特別受益額の算定

　遺留分権利者の特別受益額を算定するにあたっては、民法1044条3項が規定する相続開始前10年間という期間制限は設けられていない。したがって、遺留分権利者は、遺留分侵害額の算定において、相続開始の10年以上も前の古い贈与も控除されてしまうことに留意が必要である。

## (3) 相続による取得額の算定

　「相続による取得額」については、遺産分割の対象財産がある場合にどのように考えるかにつき従前から議論があった。すなわち、遺産分割が未了の場合には、遺留分権利者がどの程度の財産を取得するかが明らかでないので、遺留分侵害額の算定をどうするかが争われていた。

　この点については、①遺産分割未了の遺産についての共同相続人の共有持分権は、法定相続分の割合のものであり、それ以外に現実化している権利はないから、法定相続分によって遺留分侵害額を算定すべきであるとする法定相続分説と、②遺産分割が行われれば、共同相続人は、具体的相続分に対応する財産を取得するのであるから、遺産分割が行われたと仮定した場合の具体的相続分を算定して、遺留分侵害額を算出すべきであるとする具体的相続分説が唱えられていた。

　改正民法は、②の具体的相続分説を採用することを明確にした（民1046条2項2号）。すなわち、特別受益を考慮した具体的相続分をもって遺留分侵害額を算出するのである。その理由としては、法定相続分説を採用し、遺留分権利者が遺産分割において取得すべき財産の価額を算定する際に特別受益の存在を考慮しないと、その後に行われる遺産分割の結果との齟齬が大きくなること等が挙げられる。

　また、遺留分侵害額の算定をする時点で、すでに遺産分割が終了している場合については、実際に行われた遺産分割の結果を前提として算定すべき（現実

に分割された内容を前提に控除すべき）との見解と、未分割の遺産がある場合と同様の算定方法によるべき（計算上算定される相続分を前提に控除すべき）との見解があったが、改正民法は後者の見解を採用した。これは、遺産が未分割である場合と既分割である場合とで最終的な取得額が異なることは相当でないこと等が理由とされている。したがって、民法1046条2項2号は、遺産分割の対象財産がある場合には、遺産分割が終了しているか否かにかかわらず、具体的相続分に相当する価額を控除する旨を規定する。「第900条から第902条まで、第903条及び第904条の規定により算定した相続分に応じて遺留分権利者が取得すべき遺産の価額」を控除すると規定されているのは、この趣旨である。

他方で、寄与分による修正は考慮しないこととされた。これは、寄与分は家庭裁判所の審判を経ることを要し、遺留分侵害額請求の手続において寄与分の判断ができないこと等が理由とされている。そのため、民法1046条2項2号は、寄与分に関する民法904条の2を引用していない。

### 事例 3

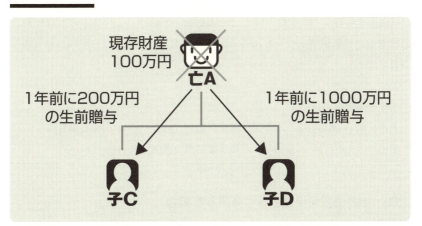

被相続人A、相続人はC（長男）とD（長女）。Aの現存財産が100万円で、Aが死亡1年前にCに200万円、Dに1000万円をそれぞれ贈与（特別受益）した事例。

・遺留分を算定するための財産は、A死亡時の現存財産100万円に、CとDに対する生前贈与の価額を加算したものである。

　　100万円 ＋ 200万円 ＋ 1000万円 ＝ 1300万円

・CとDの法定相続分はそれぞれ2分の1であるから、その価額は650万円である。

82 Ⅳ 遺 留 分

1300万円 ÷ 2 = 650万円
・Dの具体的相続分は、法定相続分の価額から生前贈与の価額を控除したものである。ただし、後者のほうが多額であるので、0となる（民903条2項）。したがって、Cの「相続による取得額」は現存財産100万円全額となる。

650万円 － 1000万円 ＝ －350万円 ⇒ 0
・Cの遺留分の価額は、法定相続分の価額の2分の1である（民1042条）

650万円 ÷ 2 = 325万円
・Cは325万円の遺留分を有するが、生前贈与（特別受益）の200万円と現存財産の100万円しか取得していないので、その差額が遺留分侵害額となる。

325万円 － 200万円 － 100万円 ＝ 25万円

## 6 遺留分侵害額の算定における相続債務の取扱い

### (1) 相続債務額の加算

遺留分侵害額の算定において、遺留分権利者が負担すべき相続債務額（遺留分権利者承継債務）が加算される（民1046条2項3号）。これは、遺留分権利者が承継した相続債務を弁済した後も、一定の財産が残るように配慮したものである。

遺留分侵害額 ＝
遺留分額 － 遺留分権利者が受けた遺贈額 － 遺留分権利者の特別受益額 －
相続による取得額 ＋ 負担すべき相続債務額（遺留分権利者承継債務）

### (2) 相続債務を受遺者等が弁済した場合

遺留分権利者が負担すべき相続債務（遺留分権利者承継債務）が債権者に支払われないと、受遺者等が不利益を被るケースがある。たとえば、被相続人の営んでいた事業を承継した受遺者としては、相続債務を承継した相続人（遺留分権利者）が債権者に弁済しないからといって、その支払いを怠ることはできない。そこで、受遺者が相続人に代わって第三者弁済（民474条）をすれば、求償権が発生する。

こうしたケースにおいて、改正民法は、遺留分権利者が請求できる遺留分侵害額を、受遺者等による当該弁済額だけ減額することができるものとした。すなわち、受遺者等が遺留分権利者から遺留分侵害額を請求された場合において、受遺者等が遺留分権利者承継債務について弁済その他の債務を消滅させる行為をしたときは、消滅した債務の額の限度において、遺留分権利者に対する意思表示によって受遺者等の負担する債務を消滅させることができる（民1047条3項前段）。

こうした処理は、実質的には、受遺者等が有することになる上記求償権と遺留分侵害額にかかる請求権とを相殺することに等しい。ただし、民法1047条3項に基づく権利行使の場合には、権利行使時に金銭債務が縮減するのに対し、相殺の場合には、その効力は相殺適状時に遡及する（民506条2項）などの相違がある。

また、1047条3項に基づく権利行使は、実質的には相殺処理と同じであるから、上記求償権は、消滅した当該債務の額の限度で消滅することになる（同項後段）。

## ７ 実務に及ぼす影響

遺留分の算定の基礎となる財産として、相続人に対する生前贈与については、1年以内のものに限られず、原則として期間制限はないとの判例の解釈が改められたことは、実務に大きな影響を及ぼすと思われる。

従前は、数十年も前に遡って、親から子への婚姻・生活費・事業への援助金等が遺留分算定の基礎財産になるか否かが争点となっていた。そして、これらの審理においては、古すぎて的確な証拠がなく、当事者の記憶だけに頼るケースが少なくなかった。今後は、対象となる生前贈与が過去10年間のものだけに限定されたので、争点となり得る事象が従前よりは相当程度圧縮されることになる。

ただし、そうなると、人の死という偶然の事情によって、相続人間で不公平な結果（例：10年前の生前贈与は対象となるが、11年前の生前贈与は対象外）が生じ得ることになる。

## 第2章 遺留分侵害額請求権

### ① 遺留分権利者の請求権の効力の見直し

遺留分減殺請求権の法的性質については、従来、形成権＝物権的効果説が通説的な見解であった。この見解によると、遺留分減殺請求権が行使されると、遺贈または贈与が遺留分を侵害する限度で失効し、目的財産が遺留分権利者に帰属するので、目的財産が遺留分権利者と受遺者または受贈者との共有物となる。しかし、この見解に対しては、権利関係が複雑になるだけでなく、対立する者の間で共有関係が発生し、紛争が拡大してしまうなどの批判があった。

そこで、改正民法は、形成権であることは維持しながらも、物権的効果説の考え方を抜本的に改め、遺留分権利者は、受遺者または受贈者に対し、遺留分侵害額に相当する金銭の支払いを請求することができるとした（民1046条1項）。

そして、このように遺留分権利者の権利が金銭債権化され、遺贈や贈与自体の効力は否定されないことになったので、改正民法では「減殺」という文言は一切使われないことになった。すなわち、旧民法における「遺留分減殺請求権」の名称は、改正民法では「遺留分侵害額請求権」に変更された。

要約すると、改正民法では、形成権である遺留分侵害額請求権を行使すると、金銭支払請求権が発生することになった。

### ② 遺留分の権利を行使した相続人の地位

遺留分の権利を行使した相続人は、遺留分侵害者に対して金銭債権を有することになるが、この地位は一般債権者にすぎない。すなわち、遺留分の権利を行使して金銭債権を取得した相続人は、遺留分侵害者に対する他の債権者に優

先する地位を得るわけではない。

## ❸ 特定財産承継遺言により財産を承継した相続人等

遺留分侵害額の請求を受ける「受遺者」には、特定財産承継遺言により財産を承継し、または相続分の指定を受けた相続人も含まれる（民1046条1項）。

特定財産承継遺言とは、遺産分割の方法の指定として、遺産に属する特定の財産を共同相続人の1人または数人に承継させる旨の遺言（民1014条2項）、いわゆる「相続させる」旨の遺言のことである。判例によると、特定の遺産を特定の相続人に「相続させる」旨の遺言は、遺言書の記載から遺贈であることが明らかであるか、または遺贈と解すべき特段の事情がない限り、当該遺産を当該相続人をして単独で相続させる遺産分割の方法が指定されたものと解され、何らの行為を要せずして、被相続人の死亡の時に、当該遺産が遺産分割の協議・審判を経ることなく、当該相続人に相続により承継されるとされる（最判平成3年4月19日民集45巻4号477頁）。したがって、「相続させる」旨の遺言による権利の承継は、相続（包括承継）によるものであるから、特定承継である遺贈とは法律上の性質を異にする。

しかし、「相続させる」旨の遺言も、遺言者の意思によって特定の者に特定の遺産を遺言の効力発生とともに承継させる点においては遺贈と近似しているので、民法上の遺贈に関する規定が、「相続させる」旨の遺言の性質に反しない限り類推適用される。そして、「相続させる」旨の遺言による遺産の処分によって他の相続人の遺留分の侵害が生じ得るので、遺贈に対する遺留分減殺請求に関する規定は、「相続させる」旨の遺言にも類推適用されると解されてきた。改正民法は、これを明文で規定したものである。

また、相続分の指定と遺留分との関係については、旧民法902条1項ただし書が、「被相続人または第三者は、遺留分に関する規定に違反することができない。」と規定していたが、その解釈は分かれていた[1]。

改正民法は、相続分の指定によって利益を受ける相続人が遺留分侵害額の請求の相手方になることを明文で規定したものである（民1046条1項）。

---

1) 遺留分を侵害する限度において相続分の指定は無効になるとの見解等もあったが、多数説は、遺留分減殺請求の対象になるにとどまると解していた。

## 4 受遺者等が複数いる場合の負担の順序及び割合

遺留分侵害額請求権の行使を受けた受遺者または受贈者は、遺留分権利者に対して金銭債務を負担することになるが、受遺者等が複数いる場合には、以下の規律で、負担の順序及び割合が定められている（民1047条2項）。これについては、旧民法1033条ないし1035条の規律が基本的に改正民法でも実質的に維持されている。

① 受遺者と受贈者とがあるときは、受遺者が先に負担する（民1047条1項1号）。

② 受遺者が複数あるときは、目的の価額の割合に応じて負担する。ただし、遺言者がその遺言に別段の意思を表示したときは、その意思に従う（同項2号）。

③ 受贈者が複数ある場合において、その贈与が同時になされたものであるときは、目的の価額の割合に応じて負担する。ただし、遺言者がその遺言に別段の意思を表示したときは、その意思に従う（同項2号）。

④ ③の場合を除き、受贈者が複数あるときは、後の贈与に係る受贈者から順次前の贈与に係る受贈者が負担する（同項3号）。

このうち③と④については、贈与の先後が問題となり、贈与契約時を基準にするのか、贈与の履行時を基準にするのかの対立がある。この点について、改正民法は、解釈に委ねることにしたため、③においても「贈与が同時にされた」といった解釈の余地を残す表現になっている。

なお、改正民法は、死因贈与の扱いについては規定しなかったので、これも解釈に委ねられる[2]。

## 5 裁判所による支払期限の許与

改正民法の審議過程において、金銭の支払いを求められた受遺者または受贈者が現物返還をすることによって金銭債務を免れる余地を認めるか否かが議論された。しかし、受遺者等が処分困難な物を選択して現物返還するなど、弊害

---

2) 東京高判平成12年3月8日（判時1753号57頁）によると、遺贈、死因贈与、生前贈与の順で、これらを受けた者が負担することになるが、学説上は、遺贈と死因贈与を同順位で扱う見解なども唱えられている。

第2章　遺留分侵害額請求権　**87**

も起こり得ることが懸念されたので、例外的にも現物返還を認めないことで決着した。

その代わりに、改正民法は、請求されても直ちに資金調達することのできない受遺者または受贈者を保護する観点から、受遺者または受贈者の請求により、裁判所が金銭債務の全部または一部の支払いにつき相当の期限を許与することのできる制度が設けられた（民1047条5項）。

猶予される期限をどの程度にするかの決定は、裁判所の裁量による。遺贈の目的財産等を売却して資金を調達する必要がある場合には、それに要する通常の期間が斟酌されることになろう。

当然ながら、この制度を利用するか否かは受遺者または受贈者の自由である。金銭債務の負担に窮する受遺者または受贈者は、この制度を利用して、支払期限を猶予してもらうこともできるし、また、遺留分権利者と合意すれば、金銭給付ではなく現実給付をもって代物弁済をすることも可能である。

## 6　権利行使の期間制限

### (1)　遺留分侵害額請求権の消滅時効

遺留分侵害額請求権は、遺留分権利者が相続の開始及び遺留分を侵害する贈与または遺贈があったことを知った時から1年間行使しないときは時効によって消滅し、また、相続開始時から10年を経過したときも同じく時効によって消滅する（民1048条）。

これらは、遺留分侵害額請求権を行使する意思表示に関する規律である。

### (2)　金銭支払請求権の消滅時効

ところで、遺留分侵害額請求権を行使すると、遺留分侵害者に対する金銭支払請求権が発生する。この金銭支払請求権の消滅時効は、別途、債権の消滅時効の規律（民166条1項）に服する。

#### ア　客観的起算点

第一に、権利を行使することができる時から10年間行使しないときは、時効によって消滅する（民166条1項2号）。

「権利を行使することができる時」とは、単にその権利の行使について法律

上の障害がないというだけでなく、さらに権利の性質上、その権利行使が現実に期待することができるようになった時であると解されている（最判昭和45年7月15日民集24巻7号771頁）。

金銭支払請求権を行使することができるのは遺留分侵害額請求権を行使したことに起因するから、「権利を行使することができる時」とされる最も早い時点は、遺留分侵害額請求権の行使時である。

ただし、遺留分侵害額の算定が直ちにできないなどの特段の事情がある場合には、金銭支払請求権の行使を現実に期待することができるようになった時が客観的起算点になると解される。

### イ　主観的起算点

第二に、債権者（遺留分権利者）が権利を行使することができることを知った時から5年間行使しないときは、時効によって消滅する（民166条1項1号）。

上記のとおり金銭支払請求権を行使することができるのは遺留分侵害額請求権を行使したことに起因するから、「権利を行使することができることを知った時」とされる最も早い時点は、遺留分侵害額請求権の行使時である。

ただし、上記のとおり「権利を行使することができる」とは、権利行使を現実に期待することができるようになることを意味すると解されているので、このことを「知った時」、すなわち、金銭支払請求権を現実に行使できることを認識した時が主観的起算点となる。この認識の程度は、一般人の判断を基準にする。

## 7　実務に及ぼす影響

### (1)　遺留分の権利である金銭債権の回収

従前は、遺留分の権利を行使すると物権的効果が得られたので、遺留分を行使した相続人は、遺産の共有者になることによって、遺留分侵害者に対する他の債権者に優先する地位を得ていた。

しかし、改正民法は、遺留分の権利を行使した相続人を、遺留分侵害者に対して金銭債権を有する一般債権者とした。したがって、当該相続人は、遺留分遺産会社に対する他の債権者に優先する地位を有していない。そこで、当該相続人としては、遺留分侵害額請求権を行使した結果、金銭支払請求権を取得し

たものの、これを現実に回収できるか否かが次の課題となる。

## (2) 遺留分侵害額請求権の行使時における金額の特定

遺留分侵害額請求権は、遺留分権利者が相続の開始及び遺留分を侵害する贈与または遺贈があったことを知った時から1年間行使しないときは時効によって消滅するので、遺留分侵害額請求権の行使を欲する遺留分権利者は、その期間内に意思表示をしておく必要がある。

遺留分権利者は、まず第一段階で遺留分侵害額請求の意思表示をし、その後、第二段階で金銭支払請求権を行使してもよいし、または遺留分侵害額請求の意思表示と金銭支払請求の意思表示を同時に行ってもよい。

前者のケースでは、第一段階の遺留分侵害額請求の意思表示時までに侵害額を正確に把握することは容易でないケースもあるので、その時点では請求金額の特定は不要であると解されているが、第二段階の金銭支払請求の意思表示時においては、請求金額は特定されなければならない。

他方、後者のケースでは、遺留分侵害額請求の意思表示と金銭支払請求の意思表示を同時に行う時点で請求金額が特定されていなければならない。

## (3) 消滅時効の中断

遺留分侵害額を特定して（例：300万円）遺留分侵害額請求権を行使したところ、相続開始後1年経過後の再計算で、正しい侵害額（例：500万円）が判明したため、追加で不足分（例：200万円）を請求したケースでは、この追加請求（例：200万円）に関する消滅時効はどのように取り扱われるであろうか。これには、時効中断にかかる一部請求と残部請求をめぐる従来の規律が適用される。

すなわち、明示的一部請求がされた場合には、当該一部のみが訴訟物となるので、時効中断効が生ずるのも当該一部に限られ（最判昭和34年2月20日民集13巻2号209頁）、残部については、原則として、裁判上の催告（民153条）[3]として時効中断効を生じることになる（最判平成25年6月6日民集67巻5号1208頁）。他方、一部請求であることが明示されていない場合には、債権の同一性

---

3) 改正民法150条1項は、催告時から6か月を経過するまでの間は時効が完成しないとする。したがって、旧民法のように、6か月以内に他の強力な中断措置を執ることは不要である。

の範囲内において、債権全部につき時効中断効が生じる（最判昭和45年7月24日民集24巻7号1177頁）。

遺留分侵害額請求権を行使するに際しては、念のため、消滅時効についても心配りをしておくこと有用である。

# V

# 相続の効力

■施行日
令和元年7月1日

92　V　相続の効力

## 第1章　相続の効力等に関する見直し ——権利の承継

### 1　新設された民法899条の2の意義

#### (1)　民法899条の2第1項（権利の承継）

　新設された民法899条の2第1項は、相続による権利の承継は、遺産分割によるものかどうかにかかわらず、相続人の法定相続分を規定した民法900条及び代襲相続人の相続分を規定した民法901条の規定により算定した相続分を超える部分については、登記、登録その他の対抗要件を備えなければ、第三者に対抗できない旨を規定する。

　同条項は、相続による権利の承継に関し、法定相続分を超える部分については対抗要件主義によることを明らかにしたものである。

#### (2)　民法899条の2第2項（債権を承継した場合の共同相続人による通知の方法）

　民法899条の2第2項は、相続により承継した権利が債権である場合において、相続人の法定相続分を規定した民法900条及び代襲相続人の相続分を規定した民法901条の規定により算定した相続分を超えて当該債権を承継した共同相続人が当該債権に係る遺言の内容（遺産分割により債権を証明した場合には、当該債権に係る遺産分割の内容）を明らかにして債務者にその旨を通知したときには、共同相続人全員が債務者に通知したものとみなし、民法899条の2第1項の規定を適用する旨を規定する。

第1章　相続の効力等に関する見直し——権利の承継　**93**

　民法899条の2第2項は、相続による承継した権利が債権である場合におい
て、対抗要件としての共同相続人による債務者に対する通知の方法を規定した
ものである。

## 2　民法899条の2が新設された理由

### (1)　相続による権利の承継と対抗要件に関する判例

#### ア　遺産分割

　遺産分割により相続人が法定相続分を超える権利を取得した場合、遺産分割
により物権変動があったと同様に解し、対抗要件を具備しなければ、遺産分割
後に権利を取得した第三者に対し、法定相続分を超える部分の取得を対抗でき
ないとされている（最判昭和46年1月26日民集25巻1号90頁）。

#### イ　遺　贈

　特定遺贈、たとえば、「甲不動産を相続人Aに遺贈する。」という内容の遺
言があった際に、他の共同相続人Bが本来の法定相続分（2分の1）について相
続登記をしたうえで、その持分を第三者に売却した場合には、共同相続人A
は登記なくして権利取得を第三者に対抗することはできないとされている（最
判昭和39年3月6日民集18巻3号437頁）。

#### ウ　「相続させる」旨の遺言（遺産分割方法の指定）

　特定の遺産を特定の相続人に「相続させる」趣旨の遺言は、遺言書の記載か
ら、遺贈と解すべき特段の事情がない限り、遺産分割の方法が指定されたもの
と解すべきであり、遺言の効力発生と同時に、相続を原因として、当該相続人
に所有権が移転するとされる（最判平成3年4月19日民集45巻4号477頁）。そ
して、この「相続させる」旨の遺言による物権変動は、登記なくして第三者に
対抗することができるとされる（最判平成14年6月10日判時1791号59頁）。

#### エ　相続分の指定

　遺言により相続分が指定された場合、たとえば、「相続人Aの相続分を4分
の3とする。」という内容の遺言があった際に、他の共同相続人Bが本来の法
定相続分（2分の1）について相続登記をしたうえで、その持分を第三者に売却
した場合には、共同相続人Aは登記なくして第三者に対抗することはできる
とされている（最判平成5年7月19日判時1525号61頁）。

## (2) 民法899条の2第1項の趣旨

　このように判例は、前記アの遺産分割、前記イの遺贈については、遺産分割または遺贈による権利取得を登記なくして第三者に対抗することはできないとしているが（対抗要件主義）、他方、前記ウの「相続させる」旨の遺言（遺産分割方法の指定）、前記エの相続分の指定については、当該遺言による権利取得を登記なくして第三者に対抗することができるとしている（無権利構成）。

　ところで、遺言により、法定相続分とは異なる権利の承継がされた場合には、通常、第三者は遺言の内容を知り得ないため、その取引の安全を害することになる。また、遺言により権利変動があったにもかかわらず、法定相続分に基づいて登記がされることがあれば、実体的な権利と公示の不一致が生じることになり、登記制度の信頼を害するおそれがある。そこで、従来の判例を変更し、前記ウの「相続させる」旨の遺言及び前記エの相続分の指定についても、登記なくして権利取得を第三者に対抗できないようにしたものが新設された民法899条の2第1項である。

　つまり、同条項は、相続による法定相続分を超過する部分に関する権利の承継については、対抗要件主義を採ることを明らかにしたものである。

**事例1**

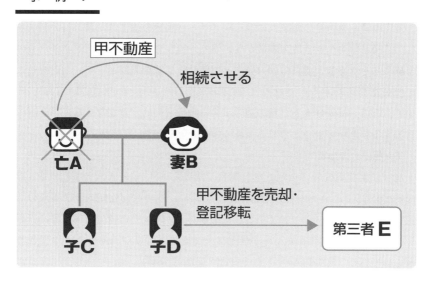

亡くなった父Aには、相続人として妻B、子C及び子Dがいる。

亡Aが、遺言により、その所有する「甲不動産をBに相続させる」として死亡したが、妻Bが甲不動産の登記未了の間に、亡Aの相続人子Dが、甲不動産を自己名義としたうえで、第三者Eに売却し登記した。

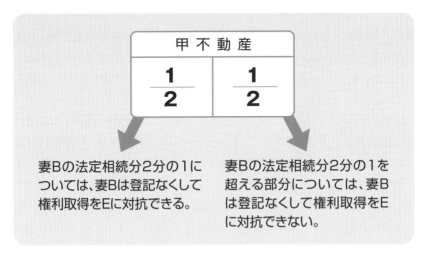

### (3) 民法899条の2第2項の趣旨

前記のとおり、民法899条の2第1項は、相続により法定相続分を超過する部分に関する権利の承継について対抗要件主義を採ることを規定した。したがって、承継される権利が債権であっても対抗要件を具備しなければならない。

ところで、債権譲渡の対抗要件は、民法467条1項に規定されているように、債権の譲渡人の債務者に対する通知または債務者の承諾が必要である。

相続による債権の承継に関しては、この債権の譲渡人は、被相続人の地位を包括承継した共同相続人全員と解される。そのため、民法467条1項の債権の譲渡人の債務者に対する通知は、共同相続人全員で行うべきことになる。

しかし、共同相続人間に争いがある場合などにおいては、共同相続人全員が債務者に対し通知を行うことは期待できない。そこで、民法899条の2第2項は、遺言等によって、法定相続分を超える債権を取得することになった相続人（以下「受益相続人」という）が債務者に対し通知をすれば、共同相続人全員が通知をしたものとみなすこととした。

ただし、詐称債権者からの虚偽の通知を防止するため、受益相続人による単独通知の場合には、「当該債権に係る遺言の内容（遺産分割により債権を承継した場合には、当該債権に係る遺産分割の内容）」を明らかにする必要があるとされた。

なお、この遺言の内容等を明らかにする方法については、遺言書等の交付を必須の要件とするまでの必要はなく、債務者をして、客観的に遺言等の有無や内容を判断できるような方法（たとえば、受益相続人が遺言等の原本を提示し、債務者の求めに応じ、債権の承継に関する記載部分の写しを交付する方法）で足りるとされる。

以上をまとめると、相続により法定相続分を超過した債権が承継された場合の対抗要件について、債務者対抗要件としては、①共同相続人全員の債務者に対する通知（民467条1項）、②債務者の承諾（同項）及び、③受益相続人が当該債権に係る遺言等の内容を明らかにしたうえでの債務者に対する通知（民899条の2第2項）の3つの方法があり、これらを第三者に対抗するためには、確定日付のある証書によってしなければならないということになる（民467条2項）。

**事 例 2**

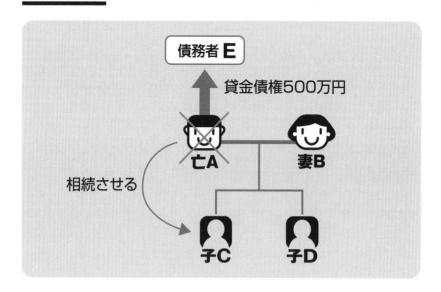

第1章　相続の効力等に関する見直し──権利の承継　　**97**

　亡くなった父Aには、相続人として妻B、子C子及び子Dがいる。

　亡Aが、遺言により、その「Eに対する貸金債権を子Cに相続させる」として死亡した。子Cは、何を行えば、当該貸金債権を取得したことを債務者及び第三者に対抗することができるか。

**【債務者対抗要件】**

①共同相続人妻B、子C及び子D全員による債務者Eへの通知（民467条1項）

②債務者Eの承諾（同項）

③子Cが、当該債権に係る遺言等の内容を明らかにしたうえでの債務者Eに対する通知（民899条の2第2項）

**【第三者対抗要件】**

　上記①から③を確定日付がある証書で行う（民467条2項）。

## 3　要件及び効果

### (1)　相続による権利の承継の対抗要件

　前述のとおり、①相続による権利の承継は、②法定相続分を超える部分については、③登記、登録その他の対抗要件を備えなければ、その取得を第三者に対抗することができない（民899条の2第1項）。

### (2)　債権を承継した際の受益相続人による単独通知の方法

　相続による債権の承継の対抗要件として、①受益相続人は、②当該債権に係る遺言等の内容を明らかにして、③債務者に対しその旨を通知したときは、共同相続人全員が債務者に対し通知したものとみなされる（民899条の2第2項）。

## 4　実務に及ぼす影響

### (1)　相続により法定相続分を超えて権利を取得した者への影響

　相続による権利の承継について対抗要件主義が採られたことにより、法定相続分を超えて権利を取得した者は、相続開始後、速やかに対抗要件を具備しなければならなくなる。相続実務では、「相続させる」旨の遺言が多く利用されている。従来は、法定相続分を超えた部分に関しても、登記なくして権利の取

得を第三者に対抗できていたものが、新法の施行後、法定相続分を超えた部分に関しては、登記をしなければ権利の取得を第三者に対抗できなくなる。従前の実務が大幅に変更されることになるため特に注意が必要である。

## (2) 所有者不明の不動産の発生防止

現在、相続をきっかけに所有者不明の不動産が多数発生しており、その取扱いが社会問題となっている。

前記のとおり、法定相続分を超える権利を取得した者は対抗要件、たとえば、不動産であれば登記を具備しなければ、その権利取得を第三者に対抗することができなくなる。その副次的効果として、相続人による登記が促進され、その結果、所有者不明の不動産の発生を防ぐことができるのではないかと期待されている。

第2章 相続の効力等に関する見直し——義務の承継 **99**

## 第2章 相続の効力等に関する見直し ——義務の承継

### 1 新設された民法902条の2の意義

　新設された民法902条の2は、被相続人の相続開始時において有していた債務の債権者は、民法902条により相続分が指定された場合であっても、共同相続人に対し、相続人の法定相続分を規定した民法900条及び代襲相続人の相続分を規定した民法901条の規定により算定した相続分に応じてその権利を行使できると規定する。

　ただし、その債権者が共同相続人の一人に対して指定された相続分に応じた債務の承継を承認したときは、その指定された相続分に応じた債務の承継が認められる。

### 2 民法902条の2が新設された理由

#### (1) 金銭債務の承継に関する判例

　民法899条は、共同相続人は、「その相続分に応じて被相続人の権利義務を承継する」と規定しており、また、民法902条は、遺言により、「共同相続人の相続分を定め」ることできるとしている。

　そして、金銭債務のような可分債務は、法律上当然に共同相続人の相続分に従って分割され（最判昭和34年6月19日民集13巻6号757頁）、相続分の指定があった場合には、金銭債務について、①共同相続人間の対内関係では指定された相続分に従って分割承継されるが、②対外的な債権者との関係では、相続

人は債権者から法定相続分に従った債務の履行を求められたときは、それに応じなければならない。ただし、③債権者が相続分の指定の効力を承認したときは、債権者は、相続人に対し、指定された相続分に応じた債務の履行を求めることができるとされた（最判平成21年3月24日民集63巻3号427頁）。

## (2)　民法902条の2の趣旨

　民法902条の2は、前記最判平成21年3月24日（民集63巻3号427頁）の考え方に沿って規定されたものである。

　すなわち、債権者の同意なしに債務者間の債務割合を変更することはできないという観点から、同条本文は、債権者は、民法902条により相続分が指定された場合であっても、共同相続人に対しては、法定相続分の割合に応じて権利を行使できるとされ、他方、債権者の同意がある場合には法律関係の複雑化を防ぐという観点から、同条ただし書において、債権者が共同相続人の一人に対して指定された相続分に応じた債務の承継を承認したときは、その指定された相続分に応じた債務の承継を認めると規定された。

　なお、民法902条の2本文は、相続人と債権者との対外的な関係を規定したものであり、相続人間の内部関係は相続分の指定に従うことになる。したがって、債権者が各相続人に対し法定相続分の割合で債権を行使した場合には、各相続人間では指定された相続分に応じて求償することは認められる。

## 事　例　1

　亡くなった父Aには、相続人として妻B、子C及び子Dがいる。

　亡Aが、遺言により、その「妻Bの相続分を0、子Cの相続分2分の1、子Dの相続分を2分の1と指定する」として死亡した。相続財産には、積極財産とともに、Eに対する貸金債務も存在した。

　Eは、どのように貸金債権を行使することができるか。

【民法902条の2本文】

(対外関係)

　Eとの対外関係では、Eは、法定相続分に従い、妻Bに対し250万円、子C及び子Dに対し125万円ずつの貸金債権の行使ができる。

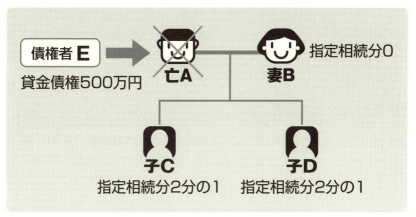

(対内関係)

　妻B、子C及び子Dの内部関係では、250万円をEに対し支払った妻Bは、子C及び子Dに対し、125万円ずつの求償を行うことになる。

【民法902条の2ただし書】

　Eが妻B、子Cまたは子Dに対し、指定された相続分に応じた債務の承継を承認した場合には、Eは、子C及び子Dに対し、250万円ずつの貸金債権を行使できる。

### 3　要件及び効果

　債権者が、相続人に対し、指定された相続分に応じた債務の承継を承認するには、共同相続人のうちの一人に対し承認をすれば、共同相続人全員に対し効力を生じる（民法902条の2ただし書）。

### 4　指定された割合に基づく権利行使

　債権者による法定相続分の割合に基づく一部の権利行使後に、指定された相続分の割合に基づき権利行使をすることができるか。

　債権者が相続債務の一部につき法定相続分の割合に応じて権利行使し相続人から弁済を受けた後であっても、禁反言の原則に反するような場合でなければ、残債務について指定された相続分の割合に従った権利行使は認められるとされている。

　この禁反言の原則に反するとは、債権者が遺言の内容を知った後に、相続人に対し、法定相続分の割合による権利行使しかしないと明言した場合をいうと

されている。債権者が遺言の内容を知った後に、法定相続分の割合に応じて権利行使しただけで、債務者に対し、法定相続分の割合による権利行使を明言していなかった場合には、その後の指定された相続分の割合に応じた権利行使が否定されるわけではないとされる。

## 5 実務に及ぼす影響

前記のとおり、民法902条の2は、最判平成21年3月24日（民集63巻3号427頁）の考え方を明文化したものであり、従来の実務への大きな影響はないと考えられる。

# VI

# 特別寄与

■施行日
令和元年7月1日

# 相続人以外の者の貢献を
考慮するための方策

## 1 意 義

　旧民法において認められている寄与分の制度は、「相続人」による特別の寄与が対象となっている（民904条の2）。相続法の改正では、被相続人に対して無償で療養看護その他の労務の提供をしたことにより被相続人の財産の維持または増加について特別の寄与をした「相続人以外」の親族の貢献を考慮する制度を新設した（民1050条）。

## 2 特別寄与者による特別寄与料の支払請求の制度が新設された理由

　前記のとおり、従来の寄与分の制度は、対象が「相続人」による特別の寄与となっている。そのため、たとえば、相続人の妻が被相続人の療養看護にいくら努めたとしても、相続人の妻は「相続人」ではないため、被相続人の死亡後の遺産分割協議において寄与分を主張することはできなかった。
　しかし、わが国では、妻が夫の両親の療養看護をすることが多く、その妻の貢献を正当に評価するため、相続開始後、その妻（特別寄与者）が、相続人に対し、寄与に応じた額の金銭（特別寄与料）の支払いを請求することが認められるようになった（民1050条）。

## 3 要 件

### (1) 主体——特別寄与者

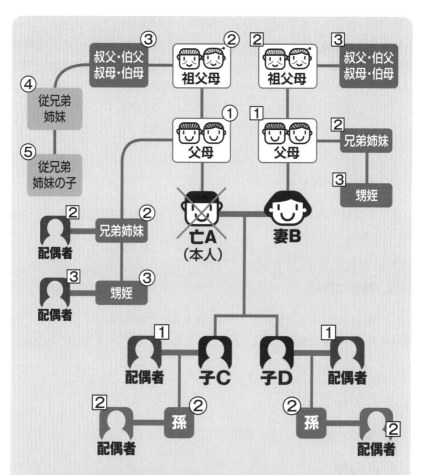

※亡A(本人)を基準に親等を示した。
※○数字は血族の親等、□数字は姻族の親等を示している。
※妻B、子C及び子Dは親族であるが、相続人であるため特別寄与者に含まれない。

特別寄与料を請求することができる特別寄与者は、「被相続人の親族（相続人、相続の放棄をした者及び第891条の規定に該当しまたは廃除によってその相続権を失った者を除く。）」と規定されている（民1050条1項）。つまり、被相続人の親族のうち、①相続人、②相続放棄者、③相続人の欠格事由に該当する者、④廃除された者が特別寄与者から除かれている。

親族とは、六親等内の血族（民725条1号）、配偶者（同条2号）、三親等内の姻族（同条3号）をいう。特別寄与者の範囲を相続人の親族としたのは、相続財産の分配は被相続人と一定の身分関係にある者の間で行うという限度で、旧法の規律との連続性を維持すること、被相続人と身分関係がない者を請求権者に加えることにより、紛争の複雑化、困難化等が懸念されることが理由とされている。

### (2) 無償の労務提供

特別寄与料の請求は、「無償」で労務の提供をした場合に認められる（民1050条1項）。特別寄与者が、労務の提供に関し、被相続人から対価を得ていた場合には、特別寄与料の請求は認められない。

### (3) 特別の寄与

特別寄与料の請求は、無償で「療養看護その他の労務の提供をしたことにより被相続人の財産の維持または増加について特別の寄与」をした場合に認められる（民1050条1項）。

これは、旧民法の寄与分の制度と同様の要件を規定したものである（民904条の2第1項参照）。

### (4) 期間制限

#### ア 除斥期間

特別寄与者の請求権は、「特別寄与者が相続の開始及び相続人を知った時から6箇月を経過したとき、又は相続開始の時から1年を経過したときは、」権利行使ができなくなる（民1050条2項ただし書）。

この期間制限はいずれも除斥期間とされている。

特別寄与者は、被相続人と近しい立場にある者であることが通常であり、早

期に被相続人の死亡を知ることができ、また、相続をめぐる法律関係を早期に安定させる必要があることから、短期の除斥期間が設けられたものである。

### イ 除斥期間経過後の審判及び調停の申立て

除斥期間（民1050条2項ただし書）を徒過した審判の申立ては却下されるが、除斥期間を徒過した調停の申立てはどのように扱われるであろうか。

除斥期間を徒過してしまった理由にやむを得ない事情があり、相手方も調停での話合いに応じる可能性がある場合には、調停の手続を進めてもよいと考えられる。したがって、申立人は、調停の申立てに当たり、裁判所に上申書を提出して、除斥期間を徒過してしまった理由や、相手方が話合いに応じる可能性等について説明すべきである。

しかし、調停の期日を開いても、話合いがまとまらなかった場合には審判に移行せず（家事272条4項参照）、調停は終了することになろう（家事271条）。

### (5) 特別寄与料の限度

特別寄与料の額は、「被相続人が相続開始の時において有した財産の価額から遺贈の価額を控除した残額を超えることができない。」と規定されている（民1050条4項）。

これは、遺贈が特別寄与者の特別寄与料の請求に影響を受けないことを規定したものである。その結果、被相続人が遺言より相続財産の帰属を指定しておけば、特別寄与者からの特別寄与料の請求は避けられることになる。

### (6) 特別寄与料の負担者及び負担割合

特別寄与料の負担者は相続人であり、相続人が複数いる場合には、各相続人の法定相続分（民900条及び901条）または指定相続分（民902条）に応じて負担することになる（民1050条5項）。

## 4 権利行使の手続

### (1) 協議または審判

特別寄与料の支払いについて、まず、特別寄与者と相続人の協議を行い、次に、その協議が調わないときまたは協議ができないときは、特別寄与者は家庭

裁判所に対し協議に代わる処分を請求することができる（民1050条2項本文）。家庭裁判所は、寄与の時期、方法及び程度、相続財産の額その他一切の事情を考慮して、特別寄与料の額を定めることになる（民1050条3項）。これらは、旧民法の寄与分の制度と同様の規定を設けたものである（民904条の2第1項・2項参照）。

特別寄与者の請求権は、特別寄与者の特別の寄与や相続の発生という実体的な要件が充足されることにより未確定な権利が発生し、それが、当事者間の協議または家庭裁判所の審判を経ることにより具体的な権利になると解されている。

家庭裁判所による特別の寄与に関する処分については、家事事件手続法において規定が新設された（家事216条の2から216条の5、別表第2の15の項）。特別の寄与に関する処分の審判事件において、家庭裁判所は、当事者に対し、金銭の支払いを命令することができるとされている（家事216条の2、216条の3）。

　▶税理士からのワンポイントアドバイス▶▶▶特別寄与者が受け取る特別寄与料に関する課税について、特別寄与者が特別寄与料の額に相当する金額を被相続人から遺贈により取得したものとみなし、相続税が課税されるということになりました（相税4条2項）。また、相続人が特別寄与者に対して支払った特別寄与料の額は、その相続人に係る相続税の課税価格から控除されることになりました（相税13条4項）[1]。

## (2) 管　轄

特別の寄与に関する処分の審判事件は、相続が開始した地を管轄する家庭裁判所の管轄に属する（家事216条の2）。

ところで、家事事件手続法では、遺産分割の審判事件及び寄与分を定める処分の審判事件は、審判の手続及び審判は併合しなければならないとされている（家事192条）。しかし、相続法の改正に際し新設された特別の寄与に関する処分の審判事件については、申立人となる特別寄与者は相続人以外のものであり、遺産分割の審判事件の当事者が異なること、特別の寄与に関する処分の審判事

---

1)　「所得税法等の一部を改正する法律」（平成31年3月29日法律第6号）。令和元年7月1日施行。

件では、様々な主張があり得ることなどから、家庭裁判所に柔軟な対応を認めることが紛争の早期解決に資すると考えられたため、寄与分を定める処分の審判事件とは異なり、遺産分割の審判事件との併合強制は求められていない。

## 5 実務に及ぼす影響

### (1) 特別の寄与制度のメリットとデメリット

従前、相続人の配偶者、主に相続人の妻が被相続人である相続人の親の療養看護をしていたとしても、その貢献を適切に評価することができなかった。この点、相続人である夫の寄与分として評価する方法、被相続人とその被相続人を療養看護した相続人の妻との間に準委任契約を認める方法、被相続人を療養看護した相続人の妻に事務管理の成立を認める方法などが提案されていたが、どの方法にも難点があり、相続人の妻の貢献を適切に評価する手段としては不十分であった。

そこで、相続法の改正により正面から相続人以外の貢献を認める制度ができたことは、いままで無償の貢献を行ってきた相続人の妻にとっては、非常に有益な制度であると評価できる。

他方、いままで相続人の間だけで争われていた相続をめぐる紛争に、新たに、相続人以外の特別寄与者が加わることによって、相続をめぐる紛争の複雑化や長期化が懸念される。

### (2) 相続人の妻を夫の履行補助者と評価する考え方

たとえば、相続人である夫の妻が被相続人（夫の親）の療養看護等に努めた場合、従前は、妻を夫の履行補助者と評価して、相続人である夫自身の寄与分として認める余地もあると考えられていた（東京高決平成22年9月13日家月63巻6号82頁等）。

しかし、改正民法により新たに特別の寄与の制度が設けられた以上、そうした従前の扱いは原則として認められない。ただし、例外として、除斥期間（民1050条2項ただし書）が徒過してしまったので、特別寄与料は請求することはできないものの、妻の貢献をまったく評価しないことが正義に反するような特段の事情がある場合には、従前の扱いを認める余地を残してもよいのではない

かと考えられる。

### (3) 家族の在り方の多様性

現代の社会では家族の在り方が多様化しており、事実婚を選択するパートナーも増えてきている。今回の改正では、特別寄与者は相続人の「親族」に限定されているため、事実婚のパートナーは、特別寄与者には該当しないが、その結論が適切なのかという問題点も残っている。付帯決議には、「現代社会において家族の在り方が多様に変化してきていることに鑑み、多様な家族の在り方を尊重する観点から、特別の寄与の制度その他の本法の施行状況を踏まえつつ、その保護の在り方について検討を行うこと」とされており、今後の施行状況の観察及び検討が注目される。

資 料 編

# 改正相続法新旧対照表

| 【改正前】 | 【改正後】 |
|---|---|
| 第5編　相続<br>第1章　総則<br>第882条～第884条：省略 | 第5編　相続<br>第1章　総則<br>第882条～第884条：省略 |
| （相続財産に関する費用）<br>第885条　相続財産に関する費用は、その財産の中から支弁する。ただし、相続人の過失によるものは、この限りでない。<br>2　前項の費用は、遺留分権利者が贈与の減殺によって得た財産をもって支弁することを要しない。 | ＜第2項削除＞令和元年7月1日施行<br>（相続財産に関する費用）<br>第885条　相続財産に関する費用は、その財産の中から支弁する。ただし、相続人の過失によるものは、この限りでない。 |
| 第886条～第899条：省略 | 第886条～第899条：省略 |
| | ＜新設＞令和元年7月1日施行<br>（共同相続における権利の承継の対抗要件）<br>第899条の2　相続による権利の承継は、遺産の分割によるものかどうかにかかわらず、次条及び第901条の規定により算定した相続分を超える部分については、登記、登録その他の対抗要件を備えなければ、第三者に対抗することができない。<br>2　前項の権利が債権である場合において、次条及び第901条の規定により算定した相続分を超えて当該債権を承継した共同相続人が当該債権に係る遺言の内容（遺産の分割により当該債権を承継した場合にあっては、当該債権に係る遺産の分割の内容）を明らかにして債務者にその承継の通知をしたとき |

は、共同相続人の全員が債務者に通知
をしたものとみなして、同項の規定を
適用する。

第900条・第901条：省略

第900条・第901条：省略

＜1項改正＞令和元年7月1日施行
（遺言による相続分の指定）

（遺言による相続分の指定）

第902条　被相続人は、前2条の規定に
かかわらず、遺言で、共同相続人の相
続分を定め、又はこれを定めることを
第三者に委託することができる。ただ
し、被相続人又は第三者は、遺留分に
関する規定に違反することができな
い。

2　被相続人が、共同相続人中の1人若
しくは数人の相続分のみを定め、又は
これを第三者に定めさせたときは、他
の共同相続人の相続分は、前2条の規
定により定める。

第902条　被相続人は、前2条の規定に
かかわらず、遺言で、共同相続人の相
続分を定め、又はこれを定めることを
第三者に委託することができる。

2　被相続人が、共同相続人中の1人若
しくは数人の相続分のみを定め、又は
これを第三者に定めさせたときは、他
の共同相続人の相続分は、前2条の規
定により定める。

＜新設＞令和元年7月1日施行
（相続分の指定がある場合の債権者の権
利の行使）

第902条の2　被相続人が相続開始の時
において有した債務の債権者は、前条
の規定による相続分の指定がされた場
合であっても、各共同相続人に対し、
第900条及び第901条の規定により算
定した相続分に応じてその権利を行使
することができる。ただし、その債権
者が共同相続人の1人に対してその指
定された相続分に応じた債務の承継を
承認したときは、この限りでない。

（特別受益者の相続分）

第903条　共同相続人中に、被相続人から、遺贈を受け、又は婚姻若しくは養子縁組のため若しくは生計の資本として贈与を受けた者があるときは、被相続人が相続開始の時において有した財産の価額にその贈与の価額を加えたものを相続財産とみなし、前3条の規定により算定した相続分の中からその遺贈又は贈与の価額を控除した残額をもってその者の相続分とする。

2　遺贈又は贈与の価額が、相続分の価額に等しく、又はこれを超えるときは、受遺者又は受贈者は、その相続分を受けることができない。

3　被相続人が前2項の規定と異なった意思を表示したときは、その意思表示は、遺留分に関する規定に違反しない範囲内で、その効力を有する。

第904条〜第906条：省略

---

<1項・3項改正、4項追加>令和元年7月1日施行

（特別受益者の相続分）

第903条　共同相続人中に、被相続人から、遺贈を受け、又は婚姻若しくは養子縁組のため若しくは生計の資本として贈与を受けた者があるときは、被相続人が相続開始の時において有した財産の価額にその贈与の価額を加えたものを相続財産とみなし、**第900条から第902条までの規定**により算定した相続分の中からその遺贈又は贈与の価額を控除した残額をもってその者の相続分とする。

2　遺贈又は贈与の価額が、相続分の価額に等しく、又はこれを超えるときは、受遺者又は受贈者は、その相続分を受けることができない。

3　被相続人が前2項の規定と異なった意思を表示したときは、その意思に従う。

4　**婚姻期間が20年以上の夫婦の一方である被相続人が、他の一方に対し、その居住の用に供する建物又はその敷地について遺贈又は贈与をしたときは、当該被相続人は、その遺贈又は贈与について第1項の規定を適用しない旨の意思を表示したものと推定する。**

第904条〜第906条：省略

<新設>令和元年7月1日施行

（**遺産の分割前に遺産に属する財産が処分された場合の遺産の範囲**）

第**906条の2**　遺産の分割前に遺産に属する財産が処分された場合であっても、共同相続人は、その全員の同意により、当該処分された財産が遺産の分割時に遺産として存在するものとみな

すことができる。

2 　前項の規定にかかわらず、共同相続人の1人又は数人により同項の財産が処分されたときは、当該共同相続人については、同項の同意を得ることを要しない。

＜本条改正＞令和元年7月1日施行
（遺産の分割の協議又は審判等）
第907条 　共同相続人は、次条の規定により被相続人が遺言で禁じた場合を除き、いつでも、その協議で、遺産の**全部又は一部**の分割をすることができる。

2 　遺産の分割について、共同相続人間に協議が調わないとき、又は協議をすることができないときは、各共同相続人は、その**全部又は一部**の分割を家庭裁判所に請求することができる。**ただし、遺産の一部を分割することにより他の共同相続人の利益を害するおそれがある場合におけるその一部の分割については、この限りでない。**

3 　**前項本文**の場合において特別の事由があるときは、家庭裁判所は、期間を定めて、遺産の全部又は一部について、その分割を禁ずることができる。

第908条・第909条：省略

＜新設＞令和元年7月1日施行
（遺産の分割前における預貯金債権の行使）
第909条の2 　各共同相続人は、遺産に属する預貯金債権のうち相続開始の時の債権額の3分の1に第900条及び第901条の規定により算定した当該共同相続人の相続分を乗じた額（標準的な当面の必要生計費、平均的な葬式の費

用の額その他の事情を勘案して預貯金債権の債務者ごとに法務省令で定める額を限度とする。）については、単独でその権利を行使することができる。この場合において、当該権利の行使をした預貯金債権については、当該共同相続人が遺産の一部の分割によりこれを取得したものとみなす。

第910条～第963条：省略　　　　　　第910条～第963条：省略

　　　　　　　　　　　　　　　　　　＜本条但書改正＞令和元年7月1日施行
（包括遺贈及び特定遺贈）　　　　　　（包括遺贈及び特定遺贈）
第964条　遺言者は、包括又は特定の名　　第964条　遺言者は、包括又は特定の名
　義で、その財産の全部又は一部を処分　　　義で、その財産の全部又は一部を処分
　することができる。ただし、遺留分に　　　することができる。
　関する規定に違反することができない。

第965条～第967条：省略　　　　　　第965条～第967条：省略

　　　　　　　　　　　　　　　　　　＜2項追加、旧2項繰下げ・改正＞平成
　　　　　　　　　　　　　　　　　　　31年1月13日施行
（自筆証書遺言）　　　　　　　　　　（自筆証書遺言）
第968条　自筆証書によって遺言をする　　第968条　自筆証書によって遺言をする
　には、遺言者が、その全文、日付及び　　　には、遺言者が、その全文、日付及び
　氏名を自書し、これに印を押さなけれ　　　氏名を自書し、これに印を押さなけれ
　ばならない。　　　　　　　　　　　　　ばならない。
2　自筆証書中の加除その他の変更は、　　2　前項の規定にかかわらず、自筆証書
　遺言者が、その場所を指示し、これを　　　にこれと一体のものとして相続財産
　変更した旨を付記して特にこれに署名　　　（第997条第1項に規定する場合にお
　し、かつ、その変更の場所に印を押さ　　　ける同項に規定する権利を含む。）の
　なければ、その効力を生じない。　　　　　全部又は一部の目録を添付する場合に
　　　　　　　　　　　　　　　　　　　　は、その目録については、自書するこ
　　　　　　　　　　　　　　　　　　　　とを要しない。この場合において、遺
　　　　　　　　　　　　　　　　　　　　言者は、その目録の毎葉（自書によら
　　　　　　　　　　　　　　　　　　　　ない記載がその両面にある場合にあっ
　　　　　　　　　　　　　　　　　　　　ては、その両面）に署名し、印を押さ
　　　　　　　　　　　　　　　　　　　　なければならない。

第969条・第969条の2：省略

（秘密証書遺言）
第970条　秘密証書によって遺言をするには、次に掲げる方式に従わなければならない。
　一　遺言者が、その証書に署名し、印を押すこと。
　二　遺言者が、その証書を封じ、証書に用いた印章をもってこれに封印すること。
　三　遺言者が、公証人1人及び証人2人以上の前に封書を提出して、自己の遺言書である旨並びにその筆者の氏名及び住所を申述すること。
　四　公証人が、その証書を提出した日付及び遺言者の申述を封紙に記載した後、遺言者及び証人とともにこれに署名し、印を押すこと。
2　第968条第2項の規定は、秘密証書による遺言について準用する。

第971条〜第981条：省略

（普通の方式による遺言の規定の準用）
第982条　第968条第2項及び第973条から第975条までの規定は、第976条から前条までの規定による遺言について準用する。

---

3　自筆証書（前項の目録を含む。）中の加除その他の変更は、遺言者が、その場所を指示し、これを変更した旨を付記して特にこれに署名し、かつ、その変更の場所に印を押さなければ、その効力を生じない。

第969条・第969条の2：省略

＜2項改正＞平成31年1月13日施行
（秘密証書遺言）
第970条　秘密証書によって遺言をするには、次に掲げる方式に従わなければならない。
　一　遺言者が、その証書に署名し、印を押すこと。
　二　遺言者が、その証書を封じ、証書に用いた印章をもってこれに封印すること。
　三　遺言者が、公証人1人及び証人2人以上の前に封書を提出して、自己の遺言書である旨並びにその筆者の氏名及び住所を申述すること。
　四　公証人が、その証書を提出した日付及び遺言者の申述を封紙に記載した後、遺言者及び証人とともにこれに署名し、印を押すこと。
2　第968条第3項の規定は、秘密証書による遺言について準用する。

第971条〜第981条：省略

＜本条改正＞平成31年1月13日施行
（普通の方式による遺言の規定の準用）
第982条　第968条第3項及び第973条から第975条までの規定は、第976条から前条までの規定による遺言について準用する。

第983条～第997条：省略

（不特定物の遺贈義務者の担保責任）
第998条　不特定物を遺贈の目的とした場合において、受遺者がこれにつき第三者から追奪を受けたときは、遺贈義務者は、これに対して、売主と同じく、担保の責任を負う。
2　不特定物を遺贈の目的とした場合において、物に瑕疵があったときは、遺贈義務者は、瑕疵のない物をもってこれに代えなければならない。

第999条：省略

（第三者の権利の目的である財産の遺贈）
第1000条　遺贈の目的である物又は権利が遺言者の死亡の時において第三者の権利の目的であるときは、受遺者は、遺贈義務者に対しその権利を消滅させるべき旨を請求することができない。ただし、遺言者がその遺言に反対の意思を表示したときは、この限りでない。

第1001条～第1006条：省略

（遺言執行者の任務の開始）
第1007条　遺言執行者が就職を承諾したときは、直ちにその任務を行わなければならない。

---

第983条～第997条：省略

＜全部改正＞令和2年4月1日施行
（遺贈義務者の引渡義務）
第998条　遺贈義務者は、遺贈の目的である物又は権利を、相続開始の時（その後に当該物又は権利について遺贈の目的として特定した場合にあっては、その特定した時）の状態で引き渡し、又は移転する義務を負う。ただし、遺言者がその遺言に別段の意思を表示したときは、その意思に従う。

第999条：省略

＜削除＞令和2年4月1日施行
第1000条　削除

第1001条～第1006条：省略

＜2項追加＞令和元年7月1日施行
（遺言執行者の任務の開始）
第1007条　遺言執行者が就職を承諾したときは、直ちにその任務を行わなければならない。
2　遺言執行者は、その任務を開始したときは、遅滞なく、遺言の内容を相続人に通知しなければならない。

第1008条〜第1011条：省略

（遺言執行者の権利義務）
第1012条　遺言執行者は、相続財産の管理その他遺言の執行に必要な一切の行為をする権利義務を有する。
2　第644条から第647条まで及び第650条の規定は、遺言執行者について準用する。

（遺言の執行の妨害行為の禁止）
第1013条　遺言執行者がある場合には、相続人は、相続財産の処分その他遺言の執行を妨げるべき行為をすることができない。

（特定財産に関する遺言の執行）
第1014条　前3条の規定は、遺言が相続財産のうち特定の財産に関する場合には、その財産についてのみ適用する。

---

第1008条〜第1011条：省略

＜1項改正、2項追加、旧2項繰下げ・改正＞令和元年7月1日・2年4月1日施行
（遺言執行者の権利義務）
第1012条　遺言執行者は、**遺言の内容を実現するため**、相続財産の管理その他遺言の執行に必要な一切の行為をする権利義務を有する。
2　**遺言執行者がある場合には、遺贈の履行は、遺言執行者のみが行うことができる。**
3　第644条、**第645条**から第647条まで及び第650条の規定は、遺言執行者について準用する。

＜2項・3項追加＞令和元年7月1日施行
（遺言の執行の妨害行為の禁止）
第1013条　遺言執行者がある場合には、相続人は、相続財産の処分その他遺言の執行を妨げるべき行為をすることができない。
2　**前項の規定に違反してした行為は、無効とする。ただし、これをもって善意の第三者に対抗することができない。**
3　**前2項の規定は、相続人の債権者（相続債権者を含む。）が相続財産についてその権利を行使することを妨げない。**

＜2項・3項・4項追加＞令和元年7月1日施行
（特定財産に関する遺言の執行）
第1014条　前3条の規定は、遺言が相続財産のうち特定の財産に関する場合には、その財産についてのみ適用する。

2 遺産の分割の方法の指定として遺産に属する特定の財産を共同相続人の1人又は数人に承継させる旨の遺言（以下「特定財産承継遺言」という。）があったときは、遺言執行者は、当該共同相続人が第899条の2第1項に規定する対抗要件を備えるために必要な行為をすることができる。

3 前項の財産が預貯金債権である場合には、遺言執行者は、同項に規定する行為のほか、その預金又は貯金の払戻しの請求及びその預金又は貯金に係る契約の解約の申入れをすることができる。ただし、解約の申入れについては、その預貯金債権の全部が特定財産承継遺言の目的である場合に限る。

4 前2項の規定にかかわらず、被相続人が遺言で別段の意思を表示したときは、その意思に従う。

＜全部改正＞令和元年7月1日施行
（遺言執行者の行為の効果）
第1015条 遺言執行者がその権限内において遺言執行者であることを示してした行為は、相続人に対して直接にその効力を生ずる。

＜全部改正＞令和元年7月1日施行
（遺言執行者の復任権）
第1016条 遺言執行者は、自己の責任で第三者にその任務を行わせることができる。ただし、遺言者がその遺言に別段の意思を表示したときは、その意思に従う。

2 前項本文の場合において、第三者に任務を行わせることについてやむを得ない事由があるときは、遺言執行者は、相続人に対してその選任及び監督

（遺言執行者の地位）
第1015条 遺言執行者は、相続人の代理人とみなす。

（遺言執行者の復任権）
第1016条 遺言執行者は、やむを得ない事由がなければ、第三者にその任務を行わせることができない。ただし、遺言者がその遺言に反対の意思を表示したときは、この限りでない。

2 遺言執行者が前項ただし書の規定により第三者にその任務を行わせる場合には、相続人に対して、第百五条に規定する責任を負う。

についての責任のみを負う。

第1017条：省略

第1017条：省略

＜2項改正＞令和2年4月1日施行
（遺言執行者の報酬）

（遺言執行者の報酬）

第1018条　家庭裁判所は、相続財産の
状況その他の事情によって遺言執行者
の報酬を定めることができる。ただ
し、遺言者がその遺言に報酬を定めた
ときは、この限りでない。
2　第648条第2項及び第3項の規定は、
遺言執行者が報酬を受けるべき場合に
ついて準用する。

第1018条　家庭裁判所は、相続財産の
状況その他の事情によって遺言執行者
の報酬を定めることができる。ただ
し、遺言者がその遺言に報酬を定めた
ときは、この限りでない。
2　第648条第2項及び第3項**並びに第
648条の2**の規定は、遺言執行者が報
酬を受けるべき場合について準用する。

第1019条～第1024条：省略

第1019条～第1024条：省略

＜但書改正＞令和2年4月1日施行
（撤回された遺言の効力）

（撤回された遺言の効力）

第1025条　前3条の規定により撤回さ
れた遺言は、その撤回の行為が、撤回
され、取り消され、又は効力を生じな
くなるに至ったときであっても、その
効力を回復しない。ただし、その行為
が詐欺又は強迫による場合は、この限
りでない。

第1025条　前3条の規定により撤回さ
れた遺言は、その撤回の行為が、撤回
され、取り消され、又は効力を生じな
くなるに至ったときであっても、その
効力を回復しない。ただし、その行為
が**錯誤**、詐欺又は強迫による場合は、
この限りでない。

第1026条・第1027条：省略

第1026条・第1027条：省略

＜本章追加＞令和2年4月1日施行
**第8章　配偶者の居住の権利**
**第1節　配偶者居住権**
　（配偶者居住権）
**第1028条**　被相続人の配偶者（以下こ
の章において単に「配偶者」という。）
は、被相続人の財産に属した建物に相
続開始の時に居住していた場合におい
て、次の各号のいずれかに該当すると

きは、その居住していた建物（以下この節において「居住建物」という。）の全部について無償で使用及び収益をする権利（以下この章において「配偶者居住権」という。）を取得する。ただし、被相続人が相続開始の時に居住建物を配偶者以外の者と共有していた場合にあっては、この限りでない。

一　遺産の分割によって配偶者居住権を取得するものとされたとき。

二　配偶者居住権が遺贈の目的とされたとき。

2　居住建物が配偶者の財産に属することとなった場合であっても、他の者がその共有持分を有するときは、配偶者居住権は、消滅しない。

3　第903条第4項の規定は、配偶者居住権の遺贈について準用する。

（審判による配偶者居住権の取得）

第1029条　遺産の分割の請求を受けた家庭裁判所は、次に掲げる場合に限り、配偶者が配偶者居住権を取得する旨を定めることができる。

一　共同相続人間に配偶者が配偶者居住権を取得することについて合意が成立しているとき。

二　配偶者が家庭裁判所に対して配偶者居住権の取得を希望する旨を申し出た場合において、居住建物の所有者の受ける不利益の程度を考慮してもなお配偶者の生活を維持するために特に必要があると認めるとき（前号に掲げる場合を除く。）。

（配偶者居住権の存続期間）

第1030条　配偶者居住権の存続期間は、配偶者の終身の間とする。ただし、遺産の分割の協議若しくは遺言に別段の定めがあるとき、又は家庭裁判所が

改正相続法新旧対照表　**123**

遺産の分割の審判において別段の定めをしたときは、その定めるところによる。

（配偶者居住権の登記等）

第1031条　居住建物の所有者は、配偶者（配偶者居住権を取得した配偶者に限る。以下この節において同じ。）に対し、配偶者居住権の設定の登記を備えさせる義務を負う。

2　第605条の規定は配偶者居住権について、第605条の4の規定は配偶者居住権の設定の登記を備えた場合について準用する。

（配偶者による使用及び収益）

第1032条　配偶者は、従前の用法に従い、善良な管理者の注意をもって、居住建物の使用及び収益をしなければならない。ただし、従前居住の用に供していなかった部分について、これを居住の用に供することを妨げない。

2　配偶者居住権は、譲渡することができない。

3　配偶者は、居住建物の所有者の承諾を得なければ、居住建物の改築若しくは増築をし、又は第三者に居住建物の使用若しくは収益をさせることができない。

4　配偶者が第1項又は前項の規定に違反した場合において、居住建物の所有者が相当の期間を定めてその是正の催告をし、その期間内に是正がされないときは、居住建物の所有者は、当該配偶者に対する意思表示によって配偶者居住権を消滅させることができる。

（居住建物の修繕等）

第1033条　配偶者は、居住建物の使用及び収益に必要な修繕をすることができる。

2　居住建物の修繕が必要である場合において、配偶者が相当の期間内に必要な修繕をしないときは、居住建物の所有者は、その修繕をすることができる。

3　居住建物が修繕を要するとき（第1項の規定により配偶者が自らその修繕をするときを除く。）、又は居住建物について権利を主張する者があるときは、配偶者は、居住建物の所有者に対し、遅滞なくその旨を通知しなければならない。ただし、居住建物の所有者が既にこれを知っているときは、この限りでない。

（居住建物の費用の負担）

第1034条　配偶者は、居住建物の通常の必要費を負担する。

2　第583条第2項の規定は、前項の通常の必要費以外の費用について準用する。

（居住建物の返還等）

第1035条　配偶者は、配偶者居住権が消滅したときは、居住建物の返還をしなければならない。ただし、配偶者が居住建物について共有持分を有する場合は、居住建物の所有者は、配偶者居住権が消滅したことを理由としては、居住建物の返還を求めることができない。

2　第599条第1項及び第2項並びに第621条の規定は、前項本文の規定により配偶者が相続の開始後に附属させた物がある居住建物又は相続の開始後に生じた損傷がある居住建物の返還をする場合について準用する。

（使用貸借及び賃貸借の規定の準用）

第1036条　第597条第1項及び第3項、第600条、第613条並びに第616条の2の規定は、配偶者居住権について準用する。

第2節　配偶者短期居住権

（配偶者短期居住権）

第1037条　配偶者は、被相続人の財産に属した建物に相続開始の時に無償で居住していた場合には、次の各号に掲げる区分に応じてそれぞれ当該各号に定める日までの間、その居住していた建物（以下この節において「居住建物」という。）の所有権を相続又は遺贈により取得した者（以下この節において「居住建物取得者」という。）に対し、居住建物について無償で使用する権利（居住建物の一部のみを無償で使用していた場合にあっては、その部分について無償で使用する権利。以下この節において「配偶者短期居住権」という。）を有する。ただし、配偶者が、相続開始の時において居住建物に係る配偶者居住権を取得したとき、又は第891条の規定に該当し若しくは廃除によってその相続権を失ったときは、この限りでない。

一　居住建物について配偶者を含む共同相続人間で遺産の分割をすべき場合　遺産の分割により居住建物の帰属が確定した日又は相続開始の時から6箇月を経過する日のいずれか遅い日

二　前号に掲げる場合以外の場合　第3項の申入れの日から6箇月を経過する日

2　前項本文の場合においては、居住建物取得者は、第三者に対する居住建物の譲渡その他の方法により配偶者の居住建物の使用を妨げてはならない。

3　居住建物取得者は、第1項第1号に掲げる場合を除くほか、いつでも配偶者短期居住権の消滅の申入れをするこ

とができる。

（配偶者による使用）

第1038条　配偶者（配偶者短期居住権を有する配偶者に限る。以下この節において同じ。）は、従前の用法に従い、善良な管理者の注意をもって、居住建物の使用をしなければならない。

2　配偶者は、居住建物取得者の承諾を得なければ、第三者に居住建物の使用をさせることができない。

3　配偶者が前2項の規定に違反したときは、居住建物取得者は、当該配偶者に対する意思表示によって配偶者短期居住権を消滅させることができる。

（配偶者居住権の取得による配偶者短期居住権の消滅）

第1039条　配偶者が居住建物に係る配偶者居住権を取得したときは、配偶者短期居住権は、消滅する。

（居住建物の返還等）

第1040条　配偶者は、前条に規定する場合を除き、配偶者短期居住権が消滅したときは、居住建物の返還をしなければならない。ただし、配偶者が居住建物について共有持分を有する場合は、居住建物取得者は、配偶者短期居住権が消滅したことを理由としては、居住建物の返還を求めることができない。

2　第599条第1項及び第2項並びに第621条の規定は、前項本文の規定により配偶者が相続の開始後に附属させた物がある居住建物又は相続の開始後に生じた損傷がある居住建物の返還をする場合について準用する。

（使用貸借等の規定の準用）

第1041条　第597条第3項、第600条、第616条の2、第1032条第2項、第1033条及び第1034条の規定は、配偶

改正相続法新旧対照表　**127**

者短期居住権について準用する。

第8章　遺留分

<第8章繰下げ>令和2年4月1日施行
**第9章　遺留分**

<条数・1項改正、2項追加>令和元年7月1日施行
（遺留分の帰属及びその割合）

（遺留分の帰属及びその割合）

第1028条　兄弟姉妹以外の相続人は、遺留分として、次の各号に掲げる区分に応じてそれぞれ当該各号に定める割合に相当する額を受ける。
一　直系尊属のみが相続人である場合　被相続人の財産の3分の1
二　前号に掲げる場合以外の場合　被相続人の財産の2分の1

**第1042条　兄弟姉妹以外の相続人は、遺留分として、次条第1項に規定する遺留分を算定するための財産の価額**に、次の各号に掲げる区分に応じてそれぞれ当該各号に定める割合を乗じた額を受ける。
一　直系尊属のみが相続人である場合　3分の1
二　前号に掲げる場合以外の場合　2分の1
**2　相続人が数人ある場合には、前項各号に定める割合は、これらに第900条及び第901条の規定により算定したその各自の相続分を乗じた割合とする。**

<見出し・条数・1項改正>令和元年7月1日施行
**（遺留分を算定するための財産の価額）**

（遺留分の算定）

第1029条　遺留分は、被相続人が相続開始の時において有した財産の価額にその贈与した財産の価額を加えた額から債務の全額を控除して、これを算定する。
2　条件付きの権利又は存続期間の不確定な権利は、家庭裁判所が選任した鑑定人の評価に従って、その価格を定める。

**第1043条　遺留分を算定するための財産の価額**は、被相続人が相続開始の時において有した財産の価額にその贈与した財産の価額を加えた額から債務の**全額を控除した額とする。**
2　条件付きの権利又は存続期間の不確定な権利は、家庭裁判所が選任した鑑定人の評価に従って、その価格を定める。

<条数改正、2項・3項追加>令和元年7月1日施行

第1030条　贈与は、相続開始前の1年

**第1044条　贈与は、相続開始前の1年**

間にしたものに限り、前条の規定によりその価額を算入する。当事者双方が遺留分権利者に損害を加えることを知って贈与をしたときは、1年前の日より前にしたものについても、同様とする。

（不相当な対価による有償行為）
第1039条　不相当な対価をもってした有償行為は、当事者双方が遺留分権利者に損害を加えることを知ってしたものに限り、これを贈与とみなす。この場合において、遺留分権利者がその減殺を請求するときは、その対価を償還しなければならない。

間にしたものに限り、前条の規定によりその価額を算入する。当事者双方が遺留分権利者に損害を加えることを知って贈与をしたときは、1年前の日より前にしたものについても、同様とする。
2　第904条の規定は、前項に規定する贈与の価額について準用する。
3　相続人に対する贈与についての第1項の規定の適用については、同項中「1年」とあるのは「10年」と、「価額」とあるのは「価額（婚姻若しくは養子縁組のため又は生計の資本として受けた贈与の価額に限る。）」とする。

＜見出し・条数改正、1項追加、旧1項繰下げ・改正＞令和元年7月1日施行
第1045条　負担付贈与がされた場合における第1043条第1項に規定する贈与した財産の価額は、その目的の価額から負担の価額を控除した額とする。
2　不相当な対価をもってした有償行為は、当事者双方が遺留分権利者に損害を加えることを知ってしたものに限り、当該対価を負担の価額とする負担付贈与とみなす。

＜新設＞令和元年7月1日施行
（遺留分侵害額の請求）
第1046条　遺留分権利者及びその承継人は、受遺者（特定財産承継遺言により財産を承継し又は相続分の指定を受けた相続人を含む。以下この章において同じ。）又は受贈者に対し、遺留分侵害額に相当する金銭の支払を請求することができる。
2　遺留分侵害額は、第1042条の規定による遺留分から第1号及び第2号に

掲げる額を控除し、これに第3号に掲げる額を加算して算定する。

一　遺留分権利者が受けた遺贈又は第903条第1項に規定する贈与の価額

二　第900条から第902条まで、第903条及び第904条の規定により算定した相続分に応じて遺留分権利者が取得すべき遺産の価額

三　被相続人が相続開始の時において有した債務のうち、第899条の規定により遺留分権利者が承継する債務（次条第3項において「遺留分権利者承継債務」という。）の額

＜新設＞令和元年7月1日施行
（受遺者又は受贈者の負担額）
第1047条　受遺者又は受贈者は、次の各号の定めるところに従い、遺贈（特定財産承継遺言による財産の承継又は相続分の指定による遺産の取得を含む。以下この章において同じ。）又は贈与（遺留分を算定するための財産の価額に算入されるものに限る。以下この章において同じ。）の目的の価額（受遺者又は受贈者が相続人である場合にあっては、当該価額から第1042条の規定による遺留分として当該相続人が受けるべき額を控除した額）を限度として、遺留分侵害額を負担する。

一　受遺者と受贈者とがあるときは、受遺者が先に負担する。

二　受遺者が複数あるとき、又は受贈者が複数ある場合においてその贈与が同時にされたものであるときは、受遺者又は受贈者がその目的の価額の割合に応じて負担する。ただし、遺言者がその遺言に別段の意思を表示したときは、その意思に従う。

三　受贈者が複数あるとき（前号に規定する場合を除く。）は、後の贈与に係る受贈者から順次前の贈与に係る受贈者が負担する。

2　第904条、第1043条第2項及び第1045条の規定は、前項に規定する遺贈又は贈与の目的の価額について準用する。

3　前条第1項の請求を受けた受遺者又は受贈者は、遺留分権利者承継債務について弁済その他の債務を消滅させる行為をしたときは、消滅した債務の額の限度において、遺留分権利者に対する意思表示によって第1項の規定により負担する債務を消滅させることができる。この場合において、当該行為によって遺留分権利者に対して取得した求償権は、消滅した当該債務の額の限度において消滅する。

4　受遺者又は受贈者の無資力によって生じた損失は、遺留分権利者の負担に帰する。

5　裁判所は、受遺者又は受贈者の請求により、第1項の規定により負担する債務の全部又は一部の支払につき相当の期限を許与することができる。

＜見出し・条数・本条改正＞令和元年7月1日施行

（**遺留分侵害額請求権**の期間の制限）

**第1048条　遺留分侵害額**の請求権は、遺留分権利者が、相続の開始及び**遺留分を侵害する**贈与又は遺贈があったことを知った時から1年間行使しないときは、時効によって消滅する。相続開始の時から10年を経過したときも、同様とする。

---

（減殺請求権の期間の制限）

第1042条　減殺の請求権は、遺留分権利者が、相続の開始及び減殺すべき贈与又は遺贈があったことを知った時から1年間行使しないときは、時効によって消滅する。相続開始の時から10年を経過したときも、同様とする。

（遺留分の放棄）

第1043条　相続の開始前における遺留分の放棄は、家庭裁判所の許可を受けたときに限り、その効力を生ずる。

2　共同相続人の1人のした遺留分の放棄は、他の各共同相続人の遺留分に影響を及ぼさない。

＜条数改正＞令和元年7月1日施行

（遺留分の放棄）

第1049条　相続の開始前における遺留分の放棄は、家庭裁判所の許可を受けたときに限り、その効力を生ずる。

2　共同相続人の1人のした遺留分の放棄は、他の各共同相続人の遺留分に影響を及ぼさない。

＜9章追加、繰下げ＞令和元年7月1日・2年4月1日施行

第10章　特別の寄与

第1050条　被相続人に対して無償で療養看護その他の労務の提供をしたことにより被相続人の財産の維持又は増加について特別の寄与をした被相続人の親族（相続人、相続の放棄をした者及び第891条の規定に該当し又は廃除によってその相続権を失った者を除く。以下この条において「特別寄与者」という。）は、相続の開始後、相続人に対し、特別寄与者の寄与に応じた額の金銭（以下この条において「特別寄与料」という。）の支払を請求することができる。

2　前項の規定による特別寄与料の支払について、当事者間に協議が調わないとき、又は協議をすることができないときは、特別寄与者は、家庭裁判所に対して協議に代わる処分を請求することができる。ただし、特別寄与者が相続の開始及び相続人を知った時から6箇月を経過したとき、又は相続開始の時から1年を経過したときは、この限りでない。

3　前項本文の場合には、家庭裁判所は、寄与の時期、方法及び程度、相続財産の額その他一切の事情を考慮し

て、特別寄与料の額を定める。

4　特別寄与料の額は、被相続人が相続開始の時において有した財産の価額から遺贈の価額を控除した残額を超えることができない。

5　相続人が数人ある場合には、各相続人は、特別寄与料の額に第900条から第902条までの規定により算定した当該相続人の相続分を乗じた額を負担する。

# 法務局における遺言書の保管等に関する法律

（趣旨）

第1条　この法律は、法務局（法務局の支局及び出張所、法務局の支局の出張所並びに地方法務局及びその支局並びにこれらの出張所を含む。次条第1項において同じ。）における遺言書（民法（明治29年法律第89号）第968条の自筆証書によってした遺言に係る遺言書をいう。以下同じ。）の保管及び情報の管理に関し必要な事項を定めるとともに、その遺言書の取扱いに関し特別の定めをするものとする。

（遺言書保管所）

第2条　遺言書の保管に関する事務は、法務大臣の指定する法務局が、遺言書保管所としてつかさどる。

2　前項の指定は、告示してしなければならない。

（遺言書保管官）

第3条　遺言書保管所における事務は、遺言書保管官（遺言書保管所に勤務する法務事務官のうちから、法務局又は地方法務局の長が指定する者をいう。以下同じ。）が取り扱う。

（遺言書の保管の申請）

第4条　遺言者は、遺言書保管官に対し、遺言書の保管の申請をすることができる。

2　前項の遺言書は、法務省令で定める様式に従って作成した無封のものでなければならない。

3　第1項の申請は、遺言者の住所地若しくは本籍地又は遺言者が所有する不動産の所在地を管轄する遺言書保管所（遺言者の作成した他の遺言書が現に遺言書保管所に保管されている場合にあっては、当該他の遺言書が保管されている遺言書保管所）の遺言書保管官に対してしなければならない。

4　第1項の申請をしようとする遺言者は、法務省令で定めるところにより、遺言書に添えて、次に掲げる事項を記載した申請書を遺言書保管官に提出しなければならない。

一　遺言書に記載されている作成の年月日

二　遺言者の氏名、出生の年月日、住所及び本籍（外国人にあっては、国籍）

三　遺言書に次に掲げる者の記載があるときは、その氏名又は名称及び住所

　イ　受遺者

　ロ　民法第1006条第1項の規定により指定された遺言執行者

四　前3号に掲げるもののほか、法務省令で定める事項

5　前項の申請書には、同項第2号に掲げる事項を証明する書類その他法務省令で定める書類を添付しなければならない。

6　遺言者が第1項の申請をするときは、遺言書保管所に自ら出頭して行わなければならない。

（遺言書保管官による本人確認）

第5条　遺言書保管官は、前条第1項の申請があった場合において、申請人に対し、法務省令で定めるところにより、当該申請人が本人であるかどうかの確認をするため、当該申請人を特定するために必要な氏名その他の法務省令で定める事項を示す書類の提示若しくは提出又はこれらの事項についての説明を求めるものとする。

（遺言書の保管等）

第6条　遺言書の保管は、遺言書保管官が遺言書保管所の施設内において行う。

2　遺言者は、その申請に係る遺言書が保管されている遺言書保管所（第4項及び第8条において「特定遺言書保管所」という。）の遺言書保管官に対し、いつでも当該遺言書の閲覧を請求することができる。

3　前項の請求をしようとする遺言者は、法務省令で定めるところにより、その旨を記載した請求書に法務省令で定める書類を添付して、遺言書保管官に提出しなければならない。

4　遺言者が第2項の請求をするときは、特定遺言書保管所に自ら出頭して行わなければならない。この場合においては、前条の規定を準用する。

5　遺言書保管官は、第1項の規定による遺言書の保管をする場合において、遺言者の死亡の日（遺言者の生死が明らかでない場合にあっては、これに相当する日として政令で定める日）から相続に関する紛争を防止する必要があると認められる期間として政令で定める期間が経過した後は、これを廃棄することができる。

（遺言書に係る情報の管理）

第7条　遺言書保管官は、前条第1項の規定により保管する遺言書について、次項に定めるところにより、当該遺言書に係る情報の管理をしなければならない。

2　遺言書に係る情報の管理は、磁気ディスク（これに準ずる方法により一定の事項を確実に記録することができる物を含む。）をもって調製する遺言書保管ファイルに、次に掲げる事項を記録することによって行う。

　　一　遺言書の画像情報

　　二　第4条第4項第1号から第3号までに掲げる事項

　　三　遺言書の保管を開始した年月日

　　四　遺言書が保管されている遺言書保管所の名称及び保管番号

3　前条第5項の規定は、前項の規定による遺言書に係る情報の管理について準用する。この場合において、同条第五項中「廃棄する」とあるのは、「消去する」と読み替えるものとする。

（遺言書の保管の申請の撤回）

第8条　遺言者は、特定遺言書保管所の遺言書保管官に対し、いつでも、第4条第1項の申請を撤回することができる。

2　前項の撤回をしようとする遺言者は、法務省令で定めるところにより、その旨を記載した撤回書に法務省令で定める書類を添付して、遺言書保管官に提出しなければならない。

3 遺言者が第1項の撤回をするときは、特定遺言書保管所に自ら出頭して行わなければならない。この場合においては、第五条の規定を準用する。

4 遺言書保管官は、遺言者が第1項の撤回をしたときは、遅滞なく、当該遺言者に第6条第1項の規定により保管している遺言書を返還するとともに、前条第2項の規定により管理している当該遺言書に係る情報を消去しなければならない。

（遺言書情報証明書の交付等）

第9条 次に掲げる者（以下この条において「関係相続人等」という。）は、遺言書保管官に対し、遺言書保管所に保管されている遺言書（その遺言者が死亡している場合に限る。）について、遺言書保管ファイルに記録されている事項を証明した書面（第5項及び第12条第1項第3号において「遺言書情報証明書」という。）の交付を請求することができる。

一 当該遺言書の保管を申請した遺言者の相続人（民法第891条の規定に該当し又は廃除によってその相続権を失った者及び相続の放棄をした者を含む。以下この条において同じ。）

二 前号に掲げる者のほか、当該遺言書に記載された次に掲げる者又はその相続人（ロに規定する母の相続人の場合にあっては、ロに規定する胎内に在る子に限る。）

　イ 第4条第4項第3号イに掲げる者

　ロ 民法第781条第2項の規定により認知するものとされた子（胎内に在る子にあっては、その母）

　ハ 民法第893条の規定により廃除する意思を表示された推定相続人（同法第892条に規定する推定相続人をいう。以下このハにおいて同じ。）又は同法第894条第2項において準用する同法第893条の規定により廃除を取り消す意思を表示された推定相続人

　ニ 民法第897条第1項ただし書の規定により指定された祖先の祭祀を主宰すべき者

　ホ 国家公務員災害補償法（昭和26年法律第191号）第17条の5第3項の規定により遺族補償一時金を受けることができる遺族のうち特に指定された者又は地方公務員災害補償法（昭和42年法律第121号）第37条第3項の規定により遺族補償一時金を受けることができる遺族のうち特に指定された者

　ヘ 信託法（平成18年法律第108号）第3条第2号に掲げる方法によって信託がされた場合においてその受益者となるべき者として指定された者若しくは残余財産の帰属すべき者となるべき者として指定された者又は同法第89条第2項の規定による受益者指定権等の行使により受益者となるべき者

　ト 保険法（平成20年法律第56号）第44条第1項又は第73条第1項の規定による保険金受取人の変更により保険金受取人となるべき者

　チ イからトまでに掲げる者のほか、これらに類するものとして政令で定める者

三 前2号に掲げる者のほか、当該遺言書に記載された次に掲げる者

　イ 第4条第4項第3号ロに掲げる者

　ロ 民法第830条第1項の財産について指定された管理者

136 資料編

　　ハ　民法第839条第1項の規定により指定された未成年後見人又は同法第848条の
　　　規定により指定された未成年後見監督人
　　ニ　民法第902条第1項の規定により共同相続人の相続分を定めることを委託され
　　　た第三者、同法第908条の規定により遺産の分割の方法を定めることを委託され
　　　た第三者又は同法第1006条第1項の規定により遺言執行者の指定を委託された
　　　第三者
　　ホ　著作権法（昭和45年法律第48号）第75条第2項の規定により同条第1項の登
　　　録について指定を受けた者又は同法第116条第3項の規定により同条第1項の請
　　　求について指定を受けた者
　　ヘ　信託法第3条第2号に掲げる方法によって信託がされた場合においてその受託
　　　者となるべき者、信託管理人となるべき者、信託監督人となるべき者又は受益者
　　　代理人となるべき者として指定された者
　　ト　イからへまでに掲げる者のほか、これらに類するものとして政令で定める者
2　前項の請求は、自己が関係相続人等に該当する遺言書（以下この条及び次条第1項
　において「関係遺言書」という。）を現に保管する遺言書保管所以外の遺言書保管所
　の遺言書保管官に対してもすることができる。
3　関係相続人等は、関係遺言書を保管する遺言書保管所の遺言書保管官に対し、当該
　関係遺言書の閲覧を請求することができる。
4　第1項又は前項の請求をしようとする者は、法務省令で定めるところにより、その
　旨を記載した請求書に法務省令で定める書類を添付して、遺言書保管官に提出しなけ
　ればならない。
5　遺言書保管官は、第1項の請求により遺言書情報証明書を交付し又は第3項の請求
　により関係遺言書の閲覧をさせたときは、法務省令で定めるところにより、速やかに、
　当該関係遺言書を保管している旨を遺言者の相続人並びに当該関係遺言書に係る第四
　条第4項第3号イ及びロに掲げる者に通知するものとする。ただし、それらの者が既
　にこれを知っているときは、この限りでない。
　（遺言書保管事実証明書の交付）
第10条　何人も、遺言書保管官に対し、遺言書保管所における関係遺言書の保管の有
　無並びに当該関係遺言書が保管されている場合には遺言書保管ファイルに記録されて
　いる第7条第2項第2号（第4条第4項第1号に係る部分に限る。）及び第4号に掲げ
　る事項を証明した書面（第12条第1項第3号において「遺言書保管事実証明書」とい
　う。）の交付を請求することができる。
2　前条第2項及び第4項の規定は、前項の請求について準用する。
　（遺言書の検認の適用除外）
第11条　民法第1004条第1項の規定は、遺言書保管所に保管されている遺言書につい
　ては、適用しない。
　（手数料）
第12条　次の各号に掲げる者は、物価の状況のほか、当該各号に定める事務に要する

実費を考慮して政令で定める額の手数料を納めなければならない。

一 遺言書の保管の申請をする者 遺言書の保管及び遺言書に係る情報の管理に関する事務

二 遺言書の閲覧を請求する者 遺言書の閲覧及びそのための体制の整備に関する事務

三 遺言書情報証明書又は遺言書保管事実証明書の交付を請求する者 遺言書情報証明書又は遺言書保管事実証明書の交付及びそのための体制の整備に関する事務

2 前項の手数料の納付は、収入印紙をもってしなければならない。

（行政手続法の適用除外）

第13条 遺言書保管官の処分については、行政手続法（平成5年法律第88号）第2章の規定は、適用しない。

（行政機関の保有する情報の公開に関する法律の適用除外）

第14条 遺言書保管所に保管されている遺言書及び遺言書保管ファイルについては、行政機関の保有する情報の公開に関する法律（平成11年法律第42号）の規定は、適用しない。

（行政機関の保有する個人情報の保護に関する法律の適用除外）

第15条 遺言書保管所に保管されている遺言書及び遺言書保管ファイルに記録されている保有個人情報（行政機関の保有する個人情報の保護に関する法律（平成15年法律第58号）第2条第5項に規定する保有個人情報をいう。）については、同法第4章の規定は、適用しない。

（審査請求）

第16条 遺言書保管官の処分に不服がある者又は遺言書保管官の不作為に係る処分を申請した者は、監督法務局又は地方法務局の長に審査請求をすることができる。

2 審査請求をするには、遺言書保管官に審査請求書を提出しなければならない。

3 遺言書保管官は、処分についての審査請求を理由があると認め、又は審査請求に係る不作為に係る処分をすべきものと認めるときは、相当の処分をしなければならない。

4 遺言書保管官は、前項に規定する場合を除き、3日以内に、意見を付して事件を監督法務局又は地方法務局の長に送付しなければならない。この場合において、監督法務局又は地方法務局の長は、当該意見を行政不服審査法（平成26年法律第68号）第11条第2項に規定する審理員に送付するものとする。

5 法務局又は地方法務局の長は、処分についての審査請求を理由があると認め、又は審査請求に係る不作為に係る処分をすべきものと認めるときは、遺言書保管官に相当の処分を命じ、その旨を審査請求人のほか利害関係人に通知しなければならない。

6 法務局又は地方法務局の長は、審査請求に係る不作為に係る処分についての申請を却下すべきものと認めるときは、遺言書保管官に当該申請を却下する処分を命じなければならない。

7 第1項の審査請求に関する行政不服審査法の規定の適用については、同法第29条第5項中「処分庁等」とあるのは「審査庁」と、「弁明書の提出」とあるのは「法務局に

おける遺言書の保管等に関する法律（平成30年法律第73号）第16条第4項に規定する意見の送付」と、同法第30条第1項中「弁明書」とあるのは「法務局における遺言書の保管等に関する法律第16条第4項の意見」とする。

（行政不服審査法の適用除外）

第17条　行政不服審査法第13条、第15条第6項、第18条、第21条、第25条第2項から第7項まで、第29条第1項から第4項まで、第31条、第37条、第45条第3項、第46条、第47条、第49条第3項（審査請求に係る不作為が違法又は不当である旨の宣言に係る部分を除く。）から第5項まで及び第52条の規定は、前条第1項の審査請求については、適用しない。

（政令への委任）

第18条　この法律に定めるもののほか、遺言書保管所における遺言書の保管及び情報の管理に関し必要な事項は、政令で定める。


附　則

　　この法律は、公布の日から起算して2年を超えない範囲内において政令で定める日から施行する。

# 事項索引

## 〈あ 行〉

遺言執行者の権限・・・・・・・・・・・・・ 66
遺言執行者の行為の効果・・・・・・・・ 62
遺言執行者の通知義務・・・・・・・・・ 64
遺言執行者の復任権・・・・・・・・・・・ 70
遺言書情報証明書・・・・・・・・・・・・・ 60
遺言書の閲覧・・・・・・・・・・・・・・・・ 60
遺言書の保管申請の撤回・・・・・・・・ 60
遺言書保管官・・・・・・・・・・・・・・・・ 58
遺言書保管事実証明書・・・・・・・・・・ 60
遺言書保管所・・・・・・・・・・・・・・・・ 58
遺産共有の法的性質・・・・・・・・・・・ 40
遺産の一部分割・・・・・・・・・・・・・・ 45
遺産の範囲・・・・・・・・・・・・・・・・・ 40
遺産の分割前に遺産に属する
　　財産・・・・・・・・・・・・・・・・・・・ 40
遺産分割・・・・・・・・・・・・・・・・・・・ 93
遺産分割の審判事件・・・・・・・・・・・108
遺産分割の対象・・・・・・・・・・・・・・ 40
遺産分割方法の指定・・・・・・・・・・・ 93
遺産分割前の預貯金債権・・・・・・・・ 30
遺贈・・・・・・・・・・・・・・・・・・・・・・ 93
一部分割・・・・・・・・・・・・・・・・・・・ 45
遺留分侵害額請求権・・・・・・・・・・・ 84
遺留分侵害額請求権の消滅
　　時効・・・・・・・・・・・・・・・・・・・ 87
遺留分侵害額の算定・・・・・・・・・・・ 79

遺留分侵害額の算定における相続
　　債務の取扱い・・・・・・・・・・・・・ 82
遺留分の算定方法・・・・・・・・・・・・・ 74
遺留分を算定するための財産に
　　含めるべき生前贈与の範囲・・・・ 74
遺留分を算定するための財産に
　　含めるべき負担付贈与・・・・・・・・ 77

## 〈か 行〉

確定日付のある証書・・・・・・・・・・・・ 96
家庭裁判所の判断を経ずに預貯金
　　の払戻しを認める制度・・・・・・・・ 30
可分債権・・・・・・・・・・・・・・・・・・・ 31
可分債務・・・・・・・・・・・・・・・・・・・ 99
仮分割の仮処分・・・・・・・・・・・・・・ 30
義務の承継・・・・・・・・・・・・・・・・・ 99
共同相続人の同意・・・・・・・・・・・・・ 41
寄与分・・・・・・・・・・・・・・・・・・・・・104
寄与分を定める処分の審判
　　事件・・・・・・・・・・・・・・・・・・・108
禁反言の原則・・・・・・・・・・・・・・・・101
検認手続・・・・・・・・・・・・・・・・・・・ 59
権利の承継・・・・・・・・・・・・・・・・・ 92

## 〈さ 行〉

債権譲渡の対抗要件・・・・・・・・・・・・ 95
財産目録の訂正・・・・・・・・・・・・・・ 55
債務者対抗要件・・・・・・・・・・・・・・ 96

債務の承継・・・・・・・・・・・・・・・・・ 99
詐称債権者・・・・・・・・・・・・・・・・・ 96
事実婚・・・・・・・・・・・・・・・・・・・・110
自筆証書遺言・・・・・・・・・・・・・・・ 58
自筆証書遺言における財産目録の
　方式の緩和・・・・・・・・・・・・・・・ 54
自筆証書遺言の保管申請・・・・・・・ 59
自筆証書遺言の保管制度・・・・・・・ 58
受益相続人・・・・・・・・・・・・・・・・・ 95
準共有・・・・・・・・・・・・・・・・・・・・ 38
除斥期間・・・・・・・・・・・・・・・・・・106
所有者不明の不動産・・・・・・・・・・ 98
親族・・・・・・・・・・・・・・・・・・・・・・106
相続させる旨の遺言・・・・・・・・・・ 93
相続税・・・・・・・・・・・・・・・・・・・・108
相続税の課税価格・・・・・・・・・・・・108
相続による権利の承継・・・・・・・・・ 92
相続人に対する生前贈与における
　期間制限・・・・・・・・・・・・・・・・・ 75
相続の効力・・・・・・・・・・・・・ 92・99
相続分の指定・・・・・・・・・・・・ 93・99

〈た　行〉

対抗要件主義・・・・・・・・・・・・ 92・94
第三者対抗要件・・・・・・・・・・・・・・ 97
同意の撤回・・・・・・・・・・・・・・・・・ 43
特定遺贈・・・・・・・・・・・・・・・・・・・ 93
特定財産承継遺言・・・・・・・・・・・・・ 85
特定財産承継遺言における対抗要件
　の具備行為・・・・・・・・・・・・・・・ 67
特定財産承継遺言における預貯金
　債権・・・・・・・・・・・・・・・・・・・・ 67

特別寄与・・・・・・・・・・・・・・・・・・・104
特別寄与者・・・・・・・・・・・・・・・・・104
特別寄与料・・・・・・・・・・・・・・・・・104
特別寄与料に関する課税・・・・・・・108
特別寄与料の限度・・・・・・・・・・・・107
特別寄与料の負担者・・・・・・・・・・・107
特別の寄与に関する処分の審判
　事件・・・・・・・・・・・・・・・・・・・・108

〈は　行〉

配偶者居住権・・・・・・・・・・・・・・・・・ 2
配偶者居住権の財産的価値・・・・・・ 13
配偶者居住権の終了・・・・・・・・・・・ 11
配偶者居住権の成立要件・・・・・・・・ 3
配偶者居住権の存続期間・・・・・・・・・ 4
配偶者居住権の対抗要件・・・・・・・・ 7
配偶者短期居住権・・・・・・・・・・・・・ 20
配偶者短期居住権の効力・・・・・・・・ 24
配偶者短期居住権の終了・・・・・・・・ 26
配偶者短期居住権の成立要件・・・・ 21
配偶者の持戻し免除の意思表示の
　推定・・・・・・・・・・・・・・・・・・・・ 49
復任権を行使した遺言執行者の
　責任・・・・・・・・・・・・・・・・・・・・ 70
不相当な対価による有償行為と
　遺留分の関係・・・・・・・・・・・・・・ 79
付帯決議・・・・・・・・・・・・・・・・・・・110
法定相続分・・・・・・・・・・・・・・ 92・99

〈ま行・や行・ら行〉

無権利構成・・・・・・・・・・・・・・・・・ 94
無償の労務提供・・・・・・・・・・・・・・106

事項索引　　*141*

預貯金債権の仮分割の仮処分‥‥　30
預貯金債権の差押え‥‥‥‥‥　38
預貯金の仮払い制度‥‥‥‥‥　30
預貯金の払戻し‥‥‥‥‥‥‥　30
履行補助者‥‥‥‥‥‥‥‥‥109

# 執筆者紹介

**冨永　忠祐**（とみなが　ただひろ）

弁護士（冨永法律事務所）、東京弁護士会副会長、日本成年後見法学会常任理事

主な著作：『不動産をめぐる相続の法務と税務』（編著、三協法規出版、2010年）

『改訂版子の監護をめぐる法律実務』（編者、新日本法規出版、2014年）

『Ｑ＆Ａドメスティックバイオレンス 児童・高齢者 虐待対応の実務』（編者、新日本法規出版）

執筆担当：Ⅰ〈配偶者居住権〉・Ⅱ〈遺産分割〉第４章・Ⅲ〈遺言〉・Ⅳ〈遺留分〉

**伊庭　潔**（いば　きよし）

弁護士（下北沢法律事務所）、日本弁護士連合会高齢者・障害者権利支援センター運営委員、日弁連信託センターセンター長

主な著作：『改訂 超高齢社会におけるホームロイヤーマニュアル』（共著、日本加除出版、2015年）

『信託法からみた民事信託の実務と信託契約書例』（編著、日本加除出版、2017年）

『養育費・扶養料・婚姻費用 実務処理マニュアル』（共著、新日本法規出版、2018年）

『ヒアリングシートを活用した 遺言書作成 聴取事項のチェックポイント』（共著、新日本法規出版、2018年）

執筆担当：Ⅱ〈遺産分割〉第１章～第３章・Ⅴ〈相続の効力〉・Ⅵ〈特別寄与〉

**梅村　信敏**（うめむら　のぶとし）

税理士（梅村会計事務所）、東京税理士会新宿支部副支部長

主な著作：『不動産をめぐる相続の法務と税務』（共著、三協法規出版、2010年）

執筆担当：税理士からのワンポイントアドバイス・税理士からの解説

## 改正相続法ハンドブック

| 令和元年 10 月 1 日　印刷 | 定価本体 2,000 円 (税別) |
| --- | --- |
| 令和元年 10 月 10 日　発行 | |

| 編著者 | 冨永　忠祐 |
| --- | --- |
| | 伊庭　潔 |
| 発行者 | 野村哲彦 |
| 発行所 | 三協法規出版株式会社 |

〒 500-8082 岐阜県岐阜市矢島町 1-61
TEL：058-215-6370 (代表)　FAX：058-215-6377
URL　http://www.sankyohoki.co.jp/
E-mail　info@sankyohoki.co.jp

| 企画・製作 | 有限会社 木精舎 |
| --- | --- |

〒 112-0002 東京都文京区小石川 2-23-12-501

| 印刷・製本 | 株式会社 穂積 |
| --- | --- |

©2019 Printed in Japan
ISBN978-4-88260-286-6 C2032
落丁・乱丁本はお取り替えいたします。

Ⓡ本書を無断で複写複製することは、著作権法上の例外を除き、禁じられています。本書をコピーされる場合は、事前に日本複製権センター (03-3401-2382) の許諾を受けてください。また、本書を請負業者等の第三者に依頼してスキャン等によってデジタル化することは、たとえ個人や家庭内の利用であっても一切認められておりません。